Anonymous

Anmerkungen über die von Herrn Jakob Hemmern

kuhrpfälzischem Hofkappellane,

und der Mannheimer Akademie ordentlichem Mitgliede herausgegebene

Abhandlung über die deutsche Sprache

Anonymous

Anmerkungen über die von Herrn Jakob Hemmern kuhrpfälzischem Hofkappellane,
und der Mannheimer Akademie ordentlichem Mitgliede herausgegebene Abhandlung über die deutsche Sprache

ISBN/EAN: 9783743378568

Hergestellt in Europa, USA, Kanada, Australien, Japan

Cover: Foto ©ninafisch / pixelio.de

Manufactured and distributed by brebook publishing software (www.brebook.com)

Anonymous

Anmerkungen über die von Herrn Jakob Hemmern

kuhrpfälzischem Hofkappellane,

Anmerkungen

über die

von

Herrn Jakob Hemmern

kuhrpfälzischem Hofkapellane, und
der Mannheimer Akademie der
Wissenschaften ordentlichem
Mitgliede

herausgegebene Abhandlung

über die

Deutsche Sprache,

Verfasset

von einem

Liebhaber der Wahrheit.

Mannheim, gedruckt und zu finden in der kuhrfürstl.
Hofbuchdruckerey und Handlung, 1770.

Anmerkungen
über
die Abhandlung von der deutschen Sprache.

Die edle Pfalz ist in viel zu hohem Werthe bey mir, als daß ich diese Abhandlung ohne Empfindung durchlesen konnte. Es kommt mir vor, als thue der Herr
Verfasser dieser rühmlichsten Nation in
vielen stücken das gröste Unrecht. Er wird
mir also nicht in übel nehmen; wann ich
Ihm seine irrige Sätze zeige und widerlege.
Ich thue weiter nichts; als was der Herr
Verfasser selbst verlanget. An der 56. S.
spricht Er mit dem Cicero: *cupio refel-
li....* „ Derjenige wird mir einen Ge-
„ fallen erweisen, der mich seiner Anmer-
„ kungen wird theilhaftig machen, und mich
„ eines Irrthumes gründlich zu überwei-

„sen wird im Stande seyn." Ich werde dem Herrn diesen Gefallen erweisen. Doch ist mir nicht zuzumuthen, alle Irrthümer anzugreifen; dann dazu habe ich weder Zeit, noch Geduld. Ich werde nur jene vor mich nehmen, welche ich bey erster Ueberlesung des Werkchens angemerket. Es soll alles in zweenen Theilen eingeschlossen werden. Im ersten Theile werde ich allgemeine Anmerkungen machen über die Widersprüche, über die Schulen, Predigstühle u. d. g. Im zweyten Theile aber werde ich besondere Anmerkungen über die den Pfälzern vorgeworfenen sprachfehler machen. Ich versichere den H. Verfasser dabey, daß ich seine Person im geringsten nicht werde antasten. Mein Gemüth wurde zwar mehrmalen rege; da ich sah; daß der Herr mit dummen Köpfen, mit unwissenden, mit eigensinnigen Witzlingen, mit hottentottisch Deutschen um sich wirft. Ich empfand es heftig, daß der Herr ganze geistliche und weltliche Stände, ganze Aka-

demien und Universitäten; ja alle Gelehr=
te, die jemals die Pfalz gezählet, als un=
erfahrne in der Muttersprache beschuldigen
will.   Allein ich werde mich einhalten,
und nicht das geringste, in welchem Er sich
könnte beleidiget finden, vortragen.   Ja,
wann die Widerlegung, welche der Herr so
heftig begehret, Ihm dannoch sollte mis=
fallen; so bitte ich den Herrn Verfasser tau=
sendmal um Verzeihung.   Ich versichere
auf alles, was Treue und Redlichkeit heißt:
daß kein anderer Trieb, als die Liebe zur
Wahrheit mein Gemüth und meine Feder
regiere.

Erster Theil.
Allgemeine Anmerkungen.
§. I.
Von den Widersprüchen.

Ich las folgende Sätze zu wiederholten
malen; ich konnte sie aber nimmer
zusammen reimen.   Es kommt mir vor, als

widersprachen sie sich. Es wäre mir ein
Gefallen; so ich eine Erklärung darüber
bekäme.

I.

An der 2. Seite, nachdem der H. Ver=
fasser den unermüdeten Eifer anderer Völ=
ker für ihre Muttersprache gerühmt, schreibt
Er also: „Unsere edlen Deutschen haben den
„übrigen Völkerschaften in diesem Stücke
„bisher nichts nachgeben wollen. Sie ar=
„beiten schon über neunhundert Jahre an
„der Verbässerung und Auszierung ihrer
„Sprache." Und an der 7. S. sagt Er:
„wenig Deutsche haben Theil an der Aus=
„bässerung ihrer Sprache. Nun fangen
„zwar allgemach mehr Provinzen an, die
„Augen zu eröffnen; die Rauhigkeit und
„alte Barbarey ihrer Sprache abzuschaf=
„fen." Wie schickt sich dann, mein Herr,
das unsre edlen Deutschen auf wenig;
das über neunhundert Jahre Arbeiten
auf das nun allgemach die Augen eröffnen?

2.

An eben der 2. S. ſagt Er: „Unzählba-
„re Werke ſind bisher von der Deutſchen
„Sprache an das Licht geſtellet worden. H.
„Reichart liefert uns ein Verzeichniß von
„mehr als hundert und fünfzig deutſchen
„Sprachlehren; wohin noch viele gehören,
„die er nicht gekannt hat u. ſ. f. Und an
der 7. S. ſagt Er: „Von allen weitſchich-
„tigen deutſchen Landen ſind die Sachſen
„beynahe die einzigen, die ſich mit Ernſte
„um die deutſche Sprache angenommen...
„Wenig Deutſche bekümmern ſich um die
„Aufnahme ihrer Mutterſprache... Ein
„Bedaurenswürdiges Schickſal (6. S.)
„für Deutſchland, deſſen ſchädlicher Ein-
„fluß im Reiche der Wiſſenſchaften nur gar
„zu empfindlich iſt.„ Zuvor heißt es:
die edlen Deutſchen gaben allen andern
Völkerſchaften nichts nach; itzt ſchlafen ſie
ſchier alle. Oben ſollen unzählbare Werke
ans Licht getreten ſeyn; und unten ſpricht
Er: wenig Deutſche bekümmern ſich um ih-

re Mutterſprache; nun fangen erſt einige
an, die Augen zu eröffnen.

3.

„An der 3. S. ſagt Er: Er beweiſe ſatt‐
„ſam, wie irre jene daran geweſen, die bis‐
„her über den Abgang ſolcher Schriften
„(die die deutſche Sprache beſſern und aus‐
„zieren) geklaget haben.„ Und an der
6. und 7. S. bedauret Er auf das heftigſte,
daß in dem ganzen bey ſechshundert Meilen
groſſen Deutſchlande kaum ein paar Winkel
anzutreffen, wo man ſich der Mutterſpra‐
che mit Ernſte bisher angenommen hat.

4.

An der 3. 4. und 5. S. führet der Herr
die höchſte Oberhäupter Deutſchlandes an,
welche mit aller erſinnlichen Mühe die
Deutſche Sprache auf den höchſten Gipfel
zu bringen geſucht. Karl der groſe, Lud‐
wig der fromme, Friedrich der rothbärtige
und andere haben durch viele zu dieſem En‐

be geſtiftete Schulen, durch errichtete Ge-
ſellſchaften, in welchen Gelehrte von allen
Ständen blos die deutſche_Sprache zu be-
fördern ſich bemühet, durch ergebene Be-
fehle, durch eigene Schriften an der Aus-
beſſerung und Auszierung der deutſchen
Sprache gearbeitet; ja zu Maynz und zu
Frankfurt in den Reichstagen, (wo gewis
nicht einige wenige Deutſche zugegen ſeynd)
iſt eine öffentliche Verordnung gemacht worden: daß ins künftige alle Reichsgeſetze,
Verordnungen, Verträge und Briefe in
deutſcher Sprache ſollten abgefaſſet werden. Es wurde bey hoher Strafe verboth-
en, daß ſich Niemand unterſtehen ſollte,
auch nur das geringſte, ſo das gemeine
Weſen betrift, in lateiniſcher Sprache ab-
zufaſſen; ſondern alle Kanzeleyen, Gerichts-
ſtuben, Notarien, u.d.g. ſollten ſich in
Ausfertigung öffentlicher Urkunden der Mutterſprache bedienen u.ſ.f. Und an der 6.
und 7. S. kann der Herr nicht genug be-
weinen, daß ſich wenige zeither um die

deutſche Sprache angenommen, baß bie
Sachſen beynahe ganz allein (ſeynd dann
alle jene groſen Kaiſer und alle jene Reichs-
ſtände, die zu Maynz und zu Frankfurt ver-
ſammelt waren, lauter Sachſen geweſen?)
daß die Sachſen beynahe allein ſich um dieſe Ehre verdient gemacht. Er ſeufzet bit-
terlich, daß noch kein anderes deutſches
Volk, niemals noch, aufgewachet, einige
wenige ausgenommen, welche itzt erſt an-
fangen, die Augen aufzuthun.

5.

Es ſcheint mir zwar folgendes nicht völlig widerſprechend; doch aber unbegreiflich
zu ſeyn. Neunhundert Jahre lang, ſagt
Er, hat Deutſchland an der Mutterſprache
arbeiten, bäſſern und auszieren müſſen.
So gros iſt dann, ſo weitſchichtig, ſo un-
ermeſſen und unerſchöpflich unſere Mutterſprache! das wollen wir nun ein wenig gehen laſſen, und die 50, 52, und 53. S.
aufſchlagen. Was ſagt Er da? Hier findet

det Er den Verſtand der Kinder in ihren
erſten Jahren fähig, in kurzer Zeit ſich zu
einem ſo erſtaunlichen Grade der Kenntniſ-
ſe zu erſchwingen. Er behauptet, daß die
Jugend nebſt der lateiniſchen Sprache (in
welcher die Dicht= und Redekunſt einge=
ſchloſſen ſeynd) nebſt der göttlichen und
weltlichen Hiſtorie, nebſt der Rechenkunſt,
Wappenkunſt, Fabellehre, Erdbeſchrei=
bung, Meßkunſt, Algebra, Flächen=Kör=
per= und Dreyecksmeßkunſt, Kegelſchnitte,
Gerüſtwiſſenſchaft, Waſſerkunſt und Waſ=
ſerwaagekunſt, und nebſt andern mehr auch
im Stande ſey, die unerſchöpfliche deutſche
Sprache, welche zu erlernen der berühmte
Klajus (16. S.) über zwanzig Jahre,
und Gottſched ſein halbes Leben zugebracht,
und an welcher neun Jahrhunderte zu ar=
beiten gehabt, ſo glücklich zu erlernen, daß
ſie den völligen Beyfall der Kenner erhal=
ten ſollten. Ja er hat dergleichen junge Leu=
te gekennt, welche in vier Jahren, oder gar
ſchon in dem neunten Jahre ihres Alters

dieſes alles bewerkſtelliget haben. Das
heißt ja zehn Berge auf einander ſtellen,
und behaupten wollen, es habe ſie ein Knab
davon getragen.

6.

An der 26. und 27. S. ſagt der H. Verfaſſer: Das innere der Redekunſt beſteht in
der Erfindung der Bewegungsgründe; und
das äuſere in dem Vortrage, welcher einzig
und allein auf dem guten Gebrauche der
Sprache beruhet. Und eben an demſelben
Blatte beſſer oben ſagt Er: man raubet
den Wiſſenſchaften die Seele (welche gewiß nicht der äuſere Theil ſeyn kann) wann
man die Redekunſt lateiniſch und nicht in
der Mutterſprache abhandelt. Entweder
hat ſich der Herr in dem erſten, oder zweyten Satze verſtoſen.

7.

An der 52. S. Fragt der Herr Verfaſſer: „wie muß es der zarten und unbe-
„ſtändigen Jugend zu Muthe ſeyn; wenn

„ fie fo viel Jahre hintereinander, Tag für
„ Tag, blos zu einer fo trockenen Materie,
„ als die lateinifche Sprache ift, mit der
„ Peitfche in der Hand, angehalten wird?„
So ift dann die lateinifche Sprache, wie fie
in den Schulen gelehret wird, eine trockene
Sache? So feynd dann die Werke eines
Cicero, eines Ovids, eines Virgils und
anderer, die als Sprachlehrer in den lateini=
fchen Schulen vorgeftellt werden, eine
trockene Materie? Wie widerlege ich die=
fes? Der H. Verfaffer felbft überhebet mich
diefer Mühe. An der 27. S. faget er: je=
de Sprache hat ihre befondere Schönheiten.
An der 19. S. erhebt Er die lateinifche Spra=
che alfo: „ Sie erkläret den Urfprung, die
„ Eigen= und Verwandtfchaften aller Völ=
„ ker. Sie zeiget uns den Eingang in die
„ Alterthümer, den wir ohne das Licht,
„ fo fie uns in die Hand giebt, in taufend
„ Fällen nicht finden würden. Sie führet
„ uns auf den fichern Wegen zu den Urquel=
„ len fo mannigfaltiger Werke, welche die

„ ſchönſten und wichtigſten Wahrheiten ent-
„ halten, die durch Nebenquellen, woraus
„ wir ſonſt zu ſchöpfen pflegen, niemals ſo
„ rein und vollkommen zu uns fließen wür-
„ den. Sie iſt endlich das leichteſte und
„ kürzeſte Mittel, unſere Gedanken und En-
„ deckungen den Gelehrten aller geſitteten
„ Nationen bekannt zu machen.„ An der
23.S. rühmt der Herr die Schönheiten in
Virgils Büchern, welcher doch gewiß nicht
hebräiſch geſchrieben hat. Könnte man
von einer nämlichen Sache verächtlicher und
zugleich prächtiger reden?

Der Ausdruck: mit der Peitſche in der
Hand, iſt ſehr hart. Ich habe noch keinen Lehrer geſehen; weder habe ich von einem gehöret, der mit einer Peitſche in der
Hand die Knaben angeſtrenget hätte. Sie
wiſſen ja, mein Herr, was für Leute mit
der Peitſche in der Hand den Pferden nach-
laufen? Daß man aber, wo es nothwendig
der Ruthe nicht ſchone; iſt der Rath des
H. Geiſtes ſelber. Sollte auch von einem
oder

ober dem andern in diesem Stücke etwas zu
viel geschehen seyn; so muß man nicht alle
angreifen.

§. II.
Von der Sprache der Pfälzer.

I.

An der 8. S. sagt der H. Verfasser:
„sehr viele Landschaften (in Deutschland)
„liegen noch in einem tiefen Schlummer,
„aus dem sie nicht erwachen wollen. Un-
„ter diese unglückselige Zahl gehöret auch
„unsere Pfalz: ja sie behauptet darunter
„einen der obersten Plätze... Dieser Staat
„hat bisher einen so wesentlichen Punkt,
„als die Ausarbeitung und Handhabung
„der Muttersprache ist, gänzlich außer
„Acht gesetzet. Man weiß bey den Pfälzern
„um keine deutsche Sprachlehre, die ent-
„weder von ihnen selber aufgesetzet, oder
„anderswo gelehnet, und bey ihnen ein-
„geführet worden wäre. Will man et-
„liche

„liche Liebhaber ausnehmen, die aber sehr
„dünn gesäet sind: so machet sich Jeder=
„mann besondere Regeln im Reden und
„Schreiben, die mehrentheils in einer blin=
„den Gewohnheit, oder in einem schwachen
„Eigendünkel gegründet sind u. s. f.

Ob diese Klagen einem Staate Ehre brin=
gen, oder ihn vielleicht unglimpflich, oder
gar schimpflich antasten, mögen andere, so
das Vatterland lieben, entscheiden. Un=
glückselige Pfalz! so hat dann, wann die=
ser Herr Recht hat, niemals einer von dei=
nen Inwohnern auch nur das geringste ge=
wußt, vielweniger gelehnt von jenen un=
zählbaren Sprachlehren, die bisher seynd
ans Taglicht gekommen. Du liegst in dem
tiefen Schlafe der Unwissenheit, da die ed=
len Deutschen schon über neunhundert Jah=
re an der Auszierung der Muttersprache ar=
beiten. Du gehörest also nicht zu den ed=
len; sondern zu den in der tiefesten Unwis=
senheit vergrabenen Landen. Du hast noch
keinen Geistlichen, noch keinen Weltlichen,
noch

noch keinen Staatsmann, noch keinen einzigen Menschen gehabt, der sich auf seine Muttersprache verstanden hätte. Wann man sollte weiter gehen, und erklären, wen der Herr durch diese allgemeinen Klagen angreife; Was für grose Leute würden sich beleidiget finden? Wie? So soll dann aus so viel tausend gelehrten Pfälzern, aus so viel hundert Staatsklugen, aus so viel Prinzen und Landesherren noch kein einziger gewesen seyn, der so viel Einsicht gehabt hätte, als der Herr Verfasser, welcher der erste seyn will, der der ganzen Pfalz die Augen eröffnen könnte? Ja heutiges Tages weiß man nicht einmal etwas von einer Sprachlehre; man lehnt nicht einmal eine. Einige wenige nimmt er aus, die aber sehr dünn gesäet seyn sollen. Welche seynd nun diese wenige? Jene seynd es, die das Deutsch nach des H. Verfassers Art sprechen und schreiben. Folglich seynd alle diejenigen, die nicht nach des Herren Mundart: Märtyrer, Einwohner, Kümmernisse, denn,

wenn

wenn, sind, bässer, u. d. g. schreiben und
sprechen, alle diese seynd in der Muttersprache unwissende, auf blinde Gewohnheit,
oder in einem schwachen Eigendünkel sich
gründende Leute. Ja Er scheinet alle diejenigen, die ihm widersprechen, aus der
Reihe der Gelehrten auszuschliesen. Auf
der 199 S. behauptet Er, das Wort sind
sey die Sprache der Gelehrten. Er beweiset es aber nicht. Ich frage also den Herrn
Verfasser, wie Er diesen Satz verstehe?
Entweder muß Er denselben so verstehen:
alle die seynd gelehrt, welche sind sprechen;
oder also: alle, die gelehrt seynd, sprechen
sind. Es giebt keine Ausflucht. Dann
Er kann ihn nicht also auslegen: viele, oder
die meisten Gelehrten sprechen sind. Warum dieses nicht? Weil er müßte zugeben,
daß auch viele Gelehrten nicht sind, sondern
seynd sprechen. Was folgt aus diesem?
Daß Er keinen Sprachfehler für seynd hätte aufzeichnen dörfen; gleichwie ich es nicht
thun darf; wann mir einer ein Wort, oder

eine lateinifche Redensart in vielen gelehrten Autoren aufweifen kann; wiewohl auch
viele andere diefes Wort anders fchreiben.

So muß dann den Verftand diefes Göt-
terfpruches: Sind ift die Sprache der Gelehrten, einer aus den obigen Sätzen ge-
troffen haben? Welcher aber? Der erfte:
alle, die find fprechen, feynd gelehrt? Das
wird der Herr Verfaffer hoffentlich nicht
wollen? Sonft wäre ich ja fchon als ein
Kind gelehrt gewefen, und diefes hätte ich
meiner Kindsmagd zu danken gehabt, welche mich gelehrt hat, find zu fprechen.
Ich wäre gelehrt geblieben, bis ich in die
Pfalz bin gekommen; dann der pfälzifchen
Mundart zu lieb habe ich erft das Sind
abgeleget. Aber nein, ich glaube felbft
nicht, daß der Herr Verfaffer feinen Satz
alfo verftehe. Es ift noch eine Auslegung
übrig; aber fonft keine mehr. Sind ift
die Sprache der Gelehrten muß demnach fo
viel heißen, als: alle, die gelehrt feynd,
fprechen find. Wer nun diefes behauptet,

der behauptet auch diesen Satz: Kein Ge=
lehrter spricht anders als sind. Folglich
ist keiner, der seynd spricht, gelehrt. So
setzet dann der Herr alle jene Pfälzer, ja
alle jene Deutschen, welche nicht sind spre=
chen, aus der Zahl der Gelehrten. Rechts=
gelehrten, Aerzte, Dichter, Redner, Staats=
verständige, Hof= und geheime Räthe, alle,
alle gehören nach dem Herrn Verfasser auß=
er der Reihe der Gelehrten. Aber Er nen=
net doch keinen? Neminem apello, sagt
Er. Gut! so ist es mir erlaubet,
in die Welt hinein zu schreiben: alle
Pfälzer und Deutsche, alle Franzosen und
Italiener seynd die dümmsten und ungeschick=
testen Köpfe. Was will man mir sagen?
Ich nenne ja keinen. Entweder hat der
Herr diese Dinge mit bedacht geschrieben,
oder nicht? Will Er das letztere nicht ge=
stehen; so muß er zugeben, daß er mit Be=
dacht und Vorwissen die ganze Pfalz von dem
geringsten Pöbel an bis auf die höchsten Per=
sonen beschimpfet.

2.

An der 10 S. schreibt der H. Verfasser:
„sie glauben (die Pfälzer) die Aufnahme
„der Muttersprache habe mit den Künsten
„und Wissenschaften keinen nothwendigen
„Zusammenhang.„ Es scheinet mir kaum
möglich zu seyn, daß dieses, ich will nicht
sagen, alle Pfälzer, sondern auch nur eini=
ge, die sich um die Wissenschaften anneh=
men, glauben. Oder warum beweiset es
der Herr nicht? Warum ziehet Er keinen
einzigen an, der dieses glaubet? So viel
kann ich die ganze redliche Welt versichern,
daß kein Schüler in allen pfälzischen Schu=
len ist, dem man nicht gleich in der ersten
Schule gesagt hat, wie viel an der Mutter=
sprache gelegen sey; wann man sie recht
liest und recht schreibet.

3.

An der 24 S. ruft der Herr ganz er=
bittert aus: „unbesonnene Verächter euerer
„Muttersprache! Feinde der einheimischen

Dichtkunst! u. ſ. f. „Auf wen fallen dieſe
Donner herab? Auf die Pfälzer. Dann
dieſe wollen nicht erwachen; ſie wollen nicht
einmal eine Sprachlehre lehnen u. ſ. f.
Wann der Herr auch Recht hätte; ſo
könnte ich dannoch nicht begreifen, wie Er
gegen dieſe edle Nation ſo herb ſich ausdrücken könne. Wann Er aber noch dazu
Unrecht hat; werden es Ihm alsdann die
Pfälzer leichtlich Verzeihen? Die Pfälzer
ſeynd alſo Feinde der Mutterſprache, nnd
die Sachſen ſeynd beynahe die einzigen,
welche dieſelbe recht verſtehen. Hätten
Sie doch nur, mein Herr, eine Syllbe be-
wieſen! Sie haben es nur geſaget. Nun
aber behaupte ich, daß, ins gemein zu
reden, die Pfälzer weit beſſer ſprechen, als
die Sachſen. Ich kann Leute ſtellen, welche unter Sachſen und Pfälzern gewohnt
haben. Dieſe kennen die Sprache beyder
Nationen; und eben dieſe ſtimmen mir in
dieſem Stücke bey: daß die Pfälzer weit
beſſer ſprechen, als die Sachſen. Ich

selbst kann mein eigenes Gehör zum Zeugen
anführen. Ich wohne nun in der Pfalz,
und kenne die Sprache der Pfälzer. Ich
habe auch unter Sachsen gewohnt; ich habe täglich mit selben geredet, und ich muß
vor der ganzen Welt betheuren, daß ich bey
den Pfälzern bey weitem nicht so viel Sprachfehler habe anhören müssen; als ich bey
den Sachsen gehöret. Nebst dem, daß
dieses Volk viele von jenen Fehlern an sich
hat, welche der H. Verfasser den Pfälzern
auch vielleicht unrechtmäßiger Weise vor-
wirft, hat es noch viele andere. Ich kenne einen Lehrer, der mir öfters erzählet,
wie viel Er zu thun gehabt habe, bis Er nur
einem oder dem andern von seinen Sächsi-
schen Schülern, das: herumkägen, anstatt herumjagen, Wettrichen, anstatt
Wetter, der Stocke, Hute, Rocke, ja
so gar: iche, due, ere u. a. d. in etwas
abgewöhnet. Was sollen dann Schön-
gelaich, Borne, sie Sinn, er gung,
das ist jo fine, und schöne, geh ninter,

B 4

ich kann es nicht gesehn, ich gespür nist
oder nischt, er ist nich do, ich sags doch
nich und hundert andere dergleichen Wörter
heißen? Aber so redet in Sachsen nur der
Pöbel? Das will ich gleichwohl zugeben.
Aber alsdann wird mir erlaubt seyn zu sa=
gen, daß auch in der Pfalz nur allein der
Pöbel das Hor, dreymol u. d. g. spreche.
Wann die Pfälzer das ischt weg lassen;
wann ihre Sprache aus dem Munde ei=
nes gelehrten, oder auch nur eines ehrba=
ren Mannes ertönet: so ist sie die reinste
und schönste im ganzen Deutschlande. Sie
gleichet einem reinen Silberflusse, der sanft,
ungezwungen und angenehm dahin rollt.
Will der Herr aber die Rechtschreibung vor=
werfen; so ist es nicht dem also, daß die
Pfalz gar nichts weiß von einer Sprachleh=
re, wie der Herr an der 8 S. behauptet.
Wo ist ein gelehrter Pfälzer, aus dessen
Feder ein Fehler der pfälzischen Aussprache
z. B. ein ischt, hot u. d. g. fließt? Aber
man weiß doch nichts von Regeln, von Ab=

än=

änderungen der Hauptwörter, von der Ver-
ſchiedenheit der Zeitwörter, der Nennwörter u. a. d.? Daß wäre freylich ſchlecht.
Allein nebſt dem, daß man das meiſte ſchon
aus der Ausſprache abnimmt; ſo iſt dieſes
das erſte, von dem man ſo gar in den lateiniſchen Schulen handelt. Gleich in dem
Buche für die erſte Schule iſt ein Anhang
von der deutſchen Rechtſchreibung. Von
der 210 S. bis an die 253. Ja gleich
von Anfange des Buchs ſeynd die Abänderungen der, wie Er ſie nennet, deutſchen
Nennwörter, Fürwörter u. d. g. bis an
die 61 S. Dieſes kann nun die ganze
Welt mit Augen ſehen, und der Herr ſchreibt
dannoch: man weiß in der Pfalz nichts um
eine Sprachlehre; man lehnt nicht einmal
eine. Wann aber der H. Verfaſſer ſich an
einigen Fehlern aufhalten will, oder
an etlichen Wörtern, wegen welchen der
Streit unter den Sprachlehrern ſich noch
nicht geendiget hat; oder wann er die
Rechtſchreibung in denn, wenn, ſind,

Kümmerniſſe u. d. g. ſetzet: ſo iſt Er nicht zu
überzeugen. Seynd auch einige Schnitzer in
dieſem Buche; ſo wird ſie ein geſchickter Leh=
rer leicht verbeſſern.

4.

Von der 54 S. bis an die 776 S.
ſpricht der Herr von dem Zuſtande der
Sprache in der Pfalz ganz erbärmlich. Die
Schulbücher, die Schriften der Rechtsge=
lehrten und Kanzeleyen nennet er einen er=
bärmlichen Miſchmaſch. Er vergleichet ſie
einem durcheinander gehackten Muſe. Sie
ſeynd ihm ein recht buntſcheckigtes Muſter
der elenden deutſchen Sprache u. ſ. f. Den
Hofleuten in Mannheim giebt er die oberſte
Reihe der Sprachflicker. Keine babyloni=
ſche Verwirrung glaubt er ärger zu ſeyn,
als die Verwirrung unſerer Sprache. Die
deutſchen Kriegesleute ſcheinen ihm, ihr
Kriegesweſen von den Franzoſen erlernt zu
haben u. ſ. f. „Bey einem ehrlichen Deut=
„ſchen, ſagt Er an der 59 S., muß dieſe
„Sprache einen Eckel erwecken.„ Alſo

giebt es in der Pfalz keinen ehrlichen Deut‐
schen; weil die Pfälzer nach des H. Ver‐
faffers Ausfage nicht allein keinen Eckel dar‐
über fchöpfen; fondern fich diefer Sprache
noch ohne Ausnahme bedienen? Was ift
dann endlich die Urfache, daß die liebe
Pfälzer fo unmitleidig hergenommen wer‐
den? Er fagt: die Sprache ift bey uns von
einer unzählbaren Menge ausländifcher
Wörter und Redensarten, wie von einem
reißenden Strome überfchwemmet. Er
nimmt Niemanden aus. Alles, was am
pfälzifchen Hofe ift, die Gelehrten, und
der Pöbel, alles muß herhalten. Die
Gottesgelehrten, und das vornehme
Frauenzimmer nimmt Er miteinander; und
die Kriegesleute ziehet Er ganz befonders
durch die Hechel. Ja, wann der H. Ver‐
faffer Recht hat, fo müffet, ihr Herren Pfäl‐
zer, diefes alles gedulden. Aber ich fürch‐
te, manche Kunftrichter möchten finden,
daß fich der Herr verftofen habe. Wären
Sie, mein Herr, dabey geblieben, daß vie‐

le Pfälzer (dieß geschieht auch bey allen
andern deutschen Nationen, so gar auch
bey den Sachsen) aus Stolze oder andern
dergleichen Ursachen lateinische und franzö=
sische Wörter in ihre Sprache mischen: so
hätte man vielleicht nichts auszustellen, als
die herbe Ausdrücke, deren Er sich bedienet.
Da aber der Herr an der 74 S. behauptet,
diese Einmischung geschehe meistentheils aus
Armuth, das ist, aus Unerfahrenheit ihrer
Muttersprache: so kann man Ihm unmög=
lich beystimmen.   Wie? Ihr Hochansehn=
liche Hofherren und Hofdamen! Ihr sollt
zeither nichts gewußt haben von den Wör=
tern: Ueberfluß, Sachwalter, Ergätz=
lichkeit, Vorzimmer, Alterthümer,
Schatzkammer, Zusammenkunft, Bey=
sitzer, Zugesellt, Gehör, befördert
werden, Gehalt, Tanz, und einem
schweren Bandvoll anderer dergleichen?
Wann dieses wahr ist, so setzet euch der Herr
billig in die oberste Reihe der Unerfahrenen
in euerer Muttersprache.   Könnet ihr aber

dem Herrn beweisen, daß ihr diese Wörter
kennet; so wird Er ja eingestehen, daß Er
euch Unrecht thue. Ihr dapfere Krieges-
männer, denkt! ihr sollt bisher nicht gewußt
haben, was das sey: ein Heer, Vortrab,
Nachtrab, Gefecht, Laufgräben, Ge-
schütz, angreifen, an der Spitze, Bunds-
genossen, Abzug, Anrücken, und andere dergleichen. O! so nehmet das Werkchen des H. Verfassers in die Hand! da
könnt ihr hundert dergleichen unbekannte,
euch Unwissenden niemals zu Ohren gekom-
mene Wörter lesen und auswendig lernen.
Aber das gemeine Volk wird sich nicht entschuldigen können? Dieses wird gestehen
müssen, daß es die französische Sprache aus
Noth lerne; weil es nicht weiß, was folgende Wörter heißen: abstreiten, entfer-
nen, lossprechen, ungereimt, annehmen, Vertrag, genau u. s. f. Sie sehen
hier selbst, mein Herr, daß Sie der Pfalz
Unrecht thun: weil ja ein Kind von sieben
Jahren die meisten dieser Wörter schon weiß.

M 2

Warum sagen sie dann, die ganze Pfalz
müsse aus Armuth, aus Unwissenheit und
Abgange dergleichen Wörter zu anderen
Sprachen die Zuflucht nehmen? Sollte es
auch geschehen, daß einem ein dergleichen deutsches Wort nicht gleich beyfiele; so geschieht
es nicht; weil seine Sprache arm ist; sondern weil er sich mit Fleise andere Sprachen
zu sehr angewöhnet hat.

5.

An der 90 S. sagt der H. Verfasser:
wir sollen die Aussprache vieler deutschen
Wörter von den Franzosen, oder von den
Herren Kölnern lernen. Warum dann nicht
von den Sachsen, die schon über neunhundert Jahre an der Muttersprache arbeiten?

6.

An der hundert und ein und fünfzigsten
S. heißt es also: „ Die Pfälzer giesen ur-
„ sprünglich deutsche, und damit Verwandte
„ Namen über die lateinische Form, als: . . . .
„ vom Kaiser Augusto.„ Wann ich ein wenig
Latein verstehe; so ist das Wort: Augu-
stus

ſtus weder ein mit dem Deutſchen ver=
wandtes, noch ein urſprünglich deutſches
Wort. * Es kommt her von Augeo,
oder augurium. Das lateiniſche Wort
aber kommt her von αὔγω augeo ** oder
ſeynd vielleicht dieſes auch deutſche Wörter?

7.

An der 191 S. vergleicht der H. Ver=
faſſer das Urtheil der mehrſten Pfälzer, die
ſich für Poeten ausgeben mit dem Urtheile
des Midas, welchem der Apollo ſoll Eſels=
ohren angeſetzet haben; weil er ſo närriſch
und tollſinnig geurtheilet hat. Ihr Herren
Pfälzer! wie gefällt euch dieſer Lorberkranz?
Was iſt zu machen? Der Herr Verfaſſer
ſcheint euch ſelben aufzuſetzen. Ihr müſſet
ihn euch gefallen laſſen. Doch einen will
der Herr Verfaſſer noch völlig von dem
Ehrenzeichen befreyen; weil es demſelben
nur noch an der Reinigkeit der Sprache ge=
bricht. Einen anderen Dichter würde Er
als

* vide P. II. Sylvæ vocabulorum Decimatoris.

als ein Muster vorstellen; wann eben so viel
Nachdruck, als Reinigkeit in seinen Rei=
men anzutreffen wäre.   Aber wie wird es
mit den übrigen ergehen? Sie müssen sich
halt mit dem Lohne des Midas begnügen.
Dieses könnte ich noch alles ohne sonderliche
Regung sehen: aber warum bedienen Sie
Sich doch, mein Herr, so unfreundlicher
Ausdrücke? Fürwahr, wann ich nicht
wüßte, daß Sie die liebreicheste Person
von der Welt wären; wann mir nicht Leu=
te, die Sie kennen, gesagt hätten, Sie
seyn die Liebe selbst: so hätte ich mich nicht
einhalten können zu glauben, Sie suchen mit
aller Gewalt die ehrwürdigsten Leute bey
dem Volke verachtet, und verhasset zu machen.
Bedenken Sie doch nur jene jammernden
Ausrufungen an der 200 S Seynd diese
Worte liebreich? Seynd sie Freundlich?

8.

An der 127 S. sagt der Herr: es ist zu
bewundern, daß die meisten deutschen
Sprach=

Sprachlehrer diesem Stücke (Er redet von
den vier Endungen der deutschen Abände=
rungen) so wenig nachgedacht haben. Wie
hat dann der Herr Verfasser diesen Gedan=
ken bekommen? Das weiß ich nicht. Aber
so viel weiß ich, daß dieß alles in den Zwei=
feln von der deutschen Sprache P. Weite=
nauers der Gesellschaft Jesu steht. Und an
welchem Blatte steht es? Von der 41 bis
an die 45 Seite. Ja die Beyspiele, wel=
che P. Weitenauer anführet, seynd schier
alle eben dieselbe, welche der H. Verfasser
anzieht.

§. III.
Von der lateinischen Sprache.

I.

„ Wie viel Köpfe, fragt der H. Verfaß=
„ ser an der 20 S. findet man in einer gan=
„ zen Nation, die sich im Lateine recht um=
„ gesehen haben?„ Ich bekomme schier Lust,
anstatt auf dieses Antwort zu geben, eben

C   die=

dieſe Frage vorzuſtellen. Doch ich beant=
worte ſie: wem es Ernſt iſt, dieſes zu
wiſſen; der befrage ſich darum bey denen,
welche ſich als Lehrer der lateiniſchen Spra=
che ausgeben. Man darf nur ein Aug in
die Bücherſäle werfen: da wird man un=
zählbare lateiniſche Werke von allen Natio=
nen erblicken. Oder ſchlage man nur einen
Moreri auf, welcher die Vortrefflichſten Ur=
heber lateiniſcher Werke geſammelt hat.

2.

Der Herr Verfaſſer fragt weiter fort:
„wie viele ſind ihrer, die ſich im Stande
„befinden, ein lateiniſches Buch deutlich
„zu erklären, oder, welches noch um eine
„gute Staffel höher iſt, bündig zu verfaſ=
„ſen?„ Was das erſte angeht; ſo beliebe
der H. Verfaſſer nur einmal in die lateini=
ſchen Schulen zu gehen. Da wird Er Kna=
ben von 12, 13, 14 Jahren antreffen,
die Ihm dieſen Knoten auflöſen werden.
Sie werden Ihm den Cicero, den Tacitus,

Cur=

Curtius, Cäsarn, Oviden, Horazen u. a. b.
deutlich erklären.   Thun Ihm aber die Knaben nicht genug mit jenen Stellen, welche
in ihren Schulbüchern verfammelt feynd;
will der Herr die ganzen Bücher ausgeleget
haben; so werden sich die Lehrer der Knaben ohne Zweifel eine Freude daraus machen;
wann sie Ihm damit dienen können.

Was das Bücher verfaffen angeht; so
dörfen sie ja nur, mein Herr, die schönen
Bücher und Schriften, so jährlich in Deutschland ausgehen, betrachten.   * Nur allein
die Gesellschaft Jesu zählet in dem erften
Jahrhunderte von ihrer Stiftung an über
8000 in unterschiedlichen Landen herausgegebene, meiftentheils lateinische Bücher.
In dem zweyten Jahrhunderte aber noch
viel mehr. Es war von langen Zeiten her
kein Jahr; da nicht in unserer Pfalz theils
lateinische Bücher, theils wohlverfaffete lateinische Schriften feynd ans Taglicht getreten.   Wir haben ja erft kürzlich wieder

die Probe gesehen an einer schönen und
prächtigen lateinischen Rede, in welcher das
Lob den Wissenschaften und der Heidelber-
gischen Universität gesprochen wird. Ist
diese Rede nicht eben so zierlich, eben so
prächtig, als wie sie in der lateinischen
Sprache ist, in die deutsche übersetzet worden? Endlich sage ich alles mit wenigem:
so viel zum wenigsten, als lateinische Lehrer
in den pfälzischen Schulen seynd, befinden
sich im Stande, ein lateinisches Buch Bündig zu verfassen. Giebt man nicht jährlich
die Probe davon? Werden nicht alle Jahre vier lateinische Gedichte, und vier lateinische Reden von den Lehrern der Dicht-
und Redekunst verfasset und von den Schülern in Gegenwart der gelehrtesten Leute
von öffentlicher Schaubühne gesaget? Werden nicht jährlich wohlverfassete lateinische
Schauspiele vorgestellet? Geben diese Lehrer nicht in vielen anderen Gelegenheiten die
Probe ihrer Erfahrenheit in der lateinischen
Sprache an den Tag? Weiter will der Herr

an

„an der 20 S. um alles in der Welt wet=
„ten, daß unter tausend Lateinern, die man
„aus dem gemeinen Haufen zuführen sollte,
„kaum zehn wären, welche Makons Welt=
„weisheit, oder Hallers Naturkunde, an=
„derer dergleichen Schriften zu geschweigen,
„recht verstehen würden, ohne ein Wörter=
„buch, oder einen Dollmetscher an der Sei=
„te zu haben.„

Wen versteht der Herr durch den gemei=
nen Haufen der Lateiner? Versteht Er den
Pöbel, oder die Lehrlinge, oder die Lehrer
der lateinischen Sprache? Die ersten kann
Er nicht verstehen; dann es wäre ja artig
durch die Unwissenheit des Pöbels, oder der
Anfänger hier etwas beweisen wollen. So
meint Er dann diejenigen, die sich für Ken=
ner der lateinischen Sprache ausgeben? Ich
glaube, jene Leute, welche die lateinischen
Urquellen Tag und Nacht verkosten, und
ausschöpfen; werden auch die Bächlein er=
schöpfen können? Jene philosophischen Leh=
rer, welche in benachbarten hohen Schulen

Makons Weltweisheit öffentlich vorlesen, werden ja keinen Dollmetscher an der Seite haben? Es ist wahr, daß es lateinische Werke giebt, die mancher gute Lateiner nicht verstehen sollte. Sie seynd aber von jener Art, von denen Muretus sagt: daß Cicero und andere weiseste Römer selbst einen Dollmetscher dazu haben müßten.

§. IV.
Von den pfälzischen Predigern.

I.

Von der 29 S. bis an die 31. steiget der H. Verfasser über die Prediger hinein. Er bedienet sich sehr herber Ausdrücke. Der gröste Haufen der pfälzischen Prediger soll den Namen eines Redners nicht verdienen? Können Sie uns dann zumuthen, mein Herr, daß wir Ihnen ohne allen Beweis, Glauben beymessen sollen? Ich habe nun die Prediger in Mannheim schier alle gehöret; ich habe Prediger von Heidelberg, von

Neuſtadt, und anderen Orten, und ſo gar
von Dorfſchaften gehört: aber ich muß hoch
betheuren, daß ſchier alle das innere der
Redekunſt, nämlich die Erfindung der Bewegungsgründe u. d. g. trefflich verſtanden
haben. Habe ich aber auch Beweiſe? Ja!
ſo viel als der Herr Verfaſſer für das Ge-
gentheil. Der Herr ſpricht es mit einem
entſcheidenten Tone, und das iſt ſein gan-
zer Beweis. Das iſt mir aber nicht genug.
Ich berufe mich auf das Zeugnuß der ganzen Stadt, und aller Kenner der Redekunſt,
und endlich auf meinen eigenen Geſchmack.
Ich weiß, was zu einem Redner gehöret.
Ich könnte den Beweis gleich hieher ſetzen,
und zwar handgreiflich; aber es kommt
mich etwas zu hart an, vieles von mir ſelbſt
zu ſprechen.

2.

Den Namen eines Redners kann man
den pfälziſchen Predigern auch nicht ab-
ſprechen wegen der Sprache. Schier alle
haben eine ſolche Sprache, die ſich auf die

Kanzel schicket. Sie richten sich nach dem Volke; und wann man haben will, daß sie anders reden sollen; So muß man zu erst das gemeine Volk zu einer andern Sprache gewöhnen. Ich bitte Sie selbst, mein Herr, zu erwägen, was das gemeine Volk denken würde; wann die Prediger anders sprächen. Welches Gelächter würde in den Kirchen entstehen; wann sie das öftere E, die Märtyrer, Aergernisse, das wenn, sind u. d. m. auf die Kanzeln brächten?

3.

An der 31 S. ruft der H. Verfasser ganz höhnisch auf. „Edle Früchte der lateini= „schen Schulen! so tüchtige Helden in der „Redekunst treten aus denselben zum Nutzen „des Vatterlandes hervor.„ Also jam= mert der Herr, nachdem Er blos gesagt, wie elendig, wie erbarmungswürdig viele von den Kanzeln Klappen. Er hat wiede= rum nicht das geringste bewiesen. Oder soll vielleicht jener Prediger der Beweis seyn,

von

von dem Er gesagt, daß er noch nicht lange
so erbärmlich geprediget hat? Zum wenig=
sten nach Erzählung dieses Beyspieles macht
Er diese jämmerliche Ausrufung. Urtheilen
Sie nun wiederum, mein Herr, ob dieß
recht gefolgeret sey? Ein Prediger hat schlecht
geprediget: also bringen die lateinischen Schu=
len schlechte Früchte hervor. Wann dieses
gilt: so darf ich über alle Universitäten,
Akademien, Schulen in der ganzen Welt;
Ja über das Evangelium selbst schmähen.
Ich erzähle z. B. die schlechte Aufführung
einiger Christen; dann rufe ich aus: edle
Früchte des Evangeliums u. s. f.

§. V.
Von den pfälzischen Schulen.

I.

Von der 36 S. bis an die 42 S. beklagt
sich der H. Verfasser, daß man einen Um=
weg im Lehren nehme, und die Wortforschung,
(Etymologia) lateinisch gebe. Diesen

erſtaunlichen Umweg haben die Knaben ge=
meiniglich in vier Wochen gemacht. Frey=
lich wäre auch dieſes die Zeit verdorben;
wann man nur, wie der Herr ſagt, die
Ohren der Knaben mit dieſen lateiniſchen
Wörtern anfüllete. Aber wo iſt jemals ein
Lehrer geweſen, der ſie nicht zu deutſch
erkläret hat? Es iſt wahr: man erklärt ſie
nicht auf eine ſo undeutliche Art, wie der
Herr Verfaſſer ſie auslegt; aber doch weit
faßlicher. Oder wann ſeine Auslegungen
ſo verſtändlich ſeynd; warum ſetzt dann der
Herr meiſtentheils das Latein hinzu, daß
man ſein Deutſch verſtehe? Ich glaube, es
würde vielen bey dieſer deutſchen Wortfü=
gung ergehen; wie der Herr ſagt, daß es
Ihm bey der lateiniſchen ergangen iſt.

2.

An der 43 S. redet der Herr von der
Rechtſchreibung. Er beſorget, die Knaben
wüßten keinen Unterſchied zu machen unter
Weybe, paſcua, und weide ſalix u. d. g.

Ich bitte den Herrn, Er möge sich doch nur
die Mühe geben, und das Schulbuch für
die erste Klasse aufschlagen. Von der 2 1 2
bis an die 248 S. wird Er der Menge nach
den Unterschied dergleichen deutschen Wörter lesen können.

3.

Von der 45 S. bis auf die 54 S. geht
der Herr auf die lateinischen Schulen ganz
unbarmherzig los. Ich wäre zu den bissig-
sten Ausdrücken unempfindlich; wann es
dem also wäre, wie der Herr sagt. Ich
kann nicht fassen, wie ein so gelehrter und
tiefsinniger Geist in diese Irrthümer gerathen sey. Er will beweisen, daß es heutiges Tags mit den Schulen in der Pfalz
schlecht aussehe. Und welche Probe zieht
Er an? Er sagt: Er habe (vorzeiten zu
Köln) in den Schulen nicht viel gelernet.
Wie? Ist vorzeiten und heutiges Tages,
zu Köln und in der Pfalz ein Ding? Aber
es ist doch die nämliche Lehrart? Wann ich
dieß auch zugebe; wie wird der Herr als-

dann sich rechtfertigen; wann ich Ihm be=
weise, daß der geringste in jeder Klasse mehr
weiß, als der Herr sagt, daß Er nach
durchgangenen Schulen gewußt habe?
Ja, was wird der Herr sagen; wann ich
Ihn überzeuge, daß in jeder Klasse zu Mann=
.heim und in andern pfälzischen Oertern
mehr gelehret werde, als der Herr behaup=
tet, daß man durch alle Klassen lehre? Sei=
ne Worte lauten also: „Ich bin die unteren
„Schulen glücklich durchgangen... Der
„Bart war mir beynahe gewachsen, ohne
„zu wissen: wie ich meine tägliche Ausga=
„ben anders, als auf den Fingern berech=
„nen sollte; aus wie viel Theilen die Welt
„bestünde; ob nicht vielleicht Holland ir=
„gendwo an Sardinien gränzete u. s. f.
„Ich würde nicht gewußt haben, was ich
„einem wilden Amerikaner antworten sollte,
„der mir behauptet hätte: die Erdkugel
„ruhete auf den Hörnern einer Kuhe. So,
„so sieht es im Kopfe der lateinischgelehrten
„jungen Leute aus! ach! mit welchen Aus=

„drücken soll ich ihr Schickſal entwerfen?
„Ich habe keine in meiner Macht, die ſtark
„und bündig genug wären.„

Wann dieſe Dinge die pfälziſchen Schü=
ler nicht ſchon in der erſten Klaſſe höreten: ſo
hälfe ich dem Herrn weinen, und jammern=
de Ausdrücke erdenken. Ein Lehrer in den
lateiniſchen Schülen ſprach hierüber mit mir
alſo: nachdem ich dieſes Stück geleſen hat=
te, gieng ich lächelnd in die Schule; und
trug dieſe Fragen eine nach der andern mei=
nen Knaben vor. Da ſie mir nun alle die=
ſe, und noch weit mehr Fragen von derglei=
chen Dingen beantwortet hatten: ſetzte ich
hinzu: ich kenne Leute, welche von dieſem
allem nach durchgangenen unteren Schulen
nichts gewußt haben. Da bekam ich eine
Antwort die ich aus Höflichkeit verſchweige.
Aber, ſagte ich, dieſe Leute behaupten doch,
ſie haben viele Preiſe davon getragen? Sie
ſtaunten mich an, und fragten, wie dieſes
möglich ſey?

4.

Ich will nun der ganzen Welt vor Augen legen, welch Unrecht den lateinischen
Schulen geschehe, daß der Herr sagt: „Die-
„se lange und edle Zeit (wo sie in die Schu-
„len gehen) bleibt der Verstand der jungen
„Leute brach liegen.... Beym Austritte
„aus den Schulen sehen sie einem rohen
„stücke Holzes gleich.„

Was lehret man dann heutiges Tages in
den pfälzischen Schulen? Man beliebe nur
ein Aug in die Schulbücher zu werfen. In
der ersten Klasse wird die lateinische und
deutsche Rechtschreibung gleich anfangs
vorgenommen. Man sehe das Schulbuch
ein von der 204 S. bis auf die 253 Seite.
Die lateinische und deutsche Wortforschung (Etymologia) von der 9 bis an
die 61 S.

Von der 62 S. bis an die 174 S. lernen die Schüler viel hundert deutsche und
lateinische Wörter, ihr Geschlecht, ihre Abänderungen u. d. g. lateinische und deutsche
Re-

Redensarten u. s. f.   Von der 175. S. bis
203 ist die lateinische Wortfügung (Syn-
taxis) und damit diese in beyden Sprachen
vollkommen beygebracht werde, so wird alles, was lateinisch vorkommt, zu deutsch
ausgeleget.   Es werden alle Tage einige
fein ausgearbeitete deutsche Zeilen in das
Latein zu übersetzen auferleget.   Von der
261 bis an die 284 S. wird wiederum von
unterschieblichen Schwierigkeiten, die so
wohl im deutschen als lateinischen vorkommen abgehandelt.   Von der 288 bis an
die 300 S. seynd die ausserlesenste Sprüche
aus den alten Schriftstellern, welche von
den Knaben in das Deutsch übersetzet werden.   Und dieses alles ist noch das wenigste.
Dann kommt erst die Fabellehre, die Leben
der grösten Feldherrn, so jemals die Welt
gesehen hat, aus dem Cornelius Nepos;
die Art Briefe zu schreiben in dem Beyspiele des Cicero; die schönsten Gespräche von
unterschieblichen Sachen; deutsche und lateinische Redensarten u. s. f.   Nebst diesem
ler-

lernen die Knaben die Hiſtorie des alten
Teſtaments, das erſte Hauptſtück der chriſt=
lichen Lehre deutſch und lateiniſch, die An=
fangsgründe der Rechenkunſt, der griechi=
ſchen Sprache u. a. ſ. m.

In der 2ten Klaſſe werden die nothwen=
digſten Sachen, die man in der erſten ab=
gehandelt, wiederholet. Sieh das Schul=
buch von der erſten bis auf die 20,
und von der 58 bis auf die 83 S. Die
gröſere Schwierigkeiten der lateiniſchen
Wortfügung werden erkläret von der 84
bis an die 164 S. Von der 165 S.
bis 178. wird von der lateiniſchen Recht=
ſchreibung gehandelt. Von der 20 bis 58 S.
müſſen die Knaben eine groſe Menge unter=
ſchiedlicher deutſcher und lateiniſcher Wör=
ter ſammt derſelben Endungen lernen. Von
der 178 S. bis an die 228 S. wird von
der Reinigkeit, Eigenſchaft und Zierlichkeit
der lateiniſchen Sprache gehandelt. Dann
folget das römiſche Münzweſen, der rö=
miſche Kalender bis 234. Es wird die
Kunſt

Kunst Briefe zu schreiben erkläret. Die auserlesenste Briefe eines Cicero werden ins Deutsch übersetzet. Es werden von den Schülern nach dessen Beyspiele, und nach der Anweisung der Lehrer deutsche so wohl, als lateinische Briefe verfasset. Von der 273 S. bis an die 203 S. seynd die schönsten Stellen aus den berühmtesten lateinisch- und griechischen Autoren, deren Schreibart abgeschildert, und von denen den Schülern eine genugsame Kenntnuß beygebracht wird. Die Stellen, die voll der schönsten Geschichten seynd, werden wiederum ins Deutsch übersetzet. Alsdann folgen Gespräche, durch welche den Knaben die Höflichkeitsregeln, und christliche Lehrstücke eingeflöset werden. Drauf hundert ausgesuchte Gespräche, in welchen von alten und neuen Helden, von berühmtesten Städten, von Gebräuchen unterschiedlicher Völker, von den heydnischen Gottheiten, von den Wunderwerken der Welt, von allerley Fabeln, von verwunderlichen Zufällen, von

D Welt-

Weltweiſen, von auſerordentlichen Gros=
thaten, von Thieren, Gärten, Landſchaf=
ten, und noch viel hundert andern Sachen
gehandelt wird.   Von der 355 bis an die
376 S. ſtehn deutſche und lateiniſche Com=
plimenten, die man bey Beſuchungen, Glück=
wünſchungen und andern dergleichen Gele=
genheiten abzuſtatten hat.   Von der 377
bis an die 412 S. wird die Proſodie
oder Tonmeßkunſt erkläret, und die ſchönſten
Stellen aus den Trauergeſängen Ovids ins
Deutſch überſetzt.   Dann folget die Erklä=
rung der griechiſchen Zeitwörter, der ſchön=
ſten Sprüche der griechiſchen Weltweiſen,
und des erſten Kapitels aus dem Evangelium
des H. Johannes.   Nebſt allem dieſem ler=
nen die Knaben das Hauptſtück von der
Hoffnung deutſch und lateiniſch; die Ge=
ſchichten der vier groſen Monarchien, der
aſſyriſchen nämlich, der perſiſchen, der
griechiſchen und der römiſchen.

In der dritten Klaſſe wird die lateiniſche
Wortfügung, die Eigenſchaften und Schön=
hei=

heiten dieser Sprache, die Kunst Briefe zu
schreiben, die Prosodie nach ihrem ganzen
Umfange abgehandelt. Man sehe das Schulbuch ein von Anfange bis an die 370 S.
wie alles so fein, so vernünftig, und so
faßlich vorgestellet wird; wie alles durch die
Beyspiele der vortreflichsten Autoren erkläret wird; wie alles mit den schönsten Geschichten, Lehren, Fabeln, und tausend
andern Sachen ausgeschmücket ist; wie eine
vollkommene Kenntnuß der Autoren von allen Jahrhunderten den Knaben beygebracht
wird; wie endlich alles nach dem feinsten
Geschmacke so eingerichtet ist, daß ein Knab
gewiß mehr, als ein Maulvoll Latein lernen, und nicht mehr einem rohen Stücke
Holzes gleich sehen muß. Von 371 bis
496 seynd die unvergleichlichsten Stellen
aus einem Cicero, Livius, Tacitus, Curtius, Seneka, aus Cäsarn, Oviden,
Meyern, aus dem Massenius, Hoschius,
Gazäus, u. a. m. Diese werden nun alle
verdeutschet, ja von vielen werden die Poe-

ten nicht allein ins Deutsch, sondern auch
in Verse überseßet. Nach diesem wird die
griechische Wortfügung erkläret, welche
mit den Fabeln Aesops angenehm gemacht
wird. Man lernet beynebens die Geschichten der römischen Kaiser von Constantinen
bis auf die leßtern römischen Monarchen,
und die Rechenkunst und christliche Lehre
nehmen auch ihren Fortgang.

Was brauchet es so viel Wesen? Wer
das Latein versteht, der darf nur die Bücher
für die vierte und fünfte Schule einsehen;
um überzeuget zu seyn, daß der Kern aller
Gelehrtheit in den Schulen vorgeleget werde. Was die Dichtkunst reizendes, und
was die Redekunst glänzendes und erhabe-
nes hat, das ist in diesen Büchern verfasset.
Alles ist voll der schönsten Regeln, der
prächtigsten Züge, der vollkommensten Beyspiele. Welche Majestät, welches Feuer,
und welche Annehmlichkeit ist nicht in den
angeführten Stellen? Welche Nettigkeit und
Vortrefflichkeit in den so faßlich hingelegten

Grundsätzen? Welcher Glanz in den Be=
schreibungen? Welche Pracht und Anmuth
in den Anreden? u. s. f. Ich muß von
mir gestehen, daß ich diese Bücher nicht
genug lesen kann, und daß ich sie niemals,
als mit Zwange und Widerwillen von mir
lege. Wer darinnen seine Lust nicht findet,
der ist ein Mensch von verdorbenem Ge=
schmacke, oder er versteht kein Latein. Nun
ist man wieder beflissen, daß man alle diese
Dinge in das feinste Deutsch übersetze.
Ich sage alles kurz, ein gelehrter weiß,
was in meinen Worten enthalten ist: die
Dicht=und Redekunst werden nach ihrem gan=
zen Umfange in diesen Büchern abgehandelt.
Zudem seynd noch besondere Bücher in die=
sen Schulen für die Erdbeschreibung, Wap=
penkunst, und Kirchengeschichte; welche,
von was für einem Werthe sie seynd, nur
jene wissen, welche diese Bücher eingesehen
haben. Ich habe noch nichts gesagt von
den öftern Uebungen auf den Schaubühnen,
wo die Knaben beherzt und geschickt ge=

macht werden, mit der Zeit auf den Kan=
zeln, oder in andern Gelegenheiten mit Eh=
ren erscheinen zu können. Was für ein
Vorrath für die Gottesgelehrtheit wird
ihnen nicht beygebracht in den öftern christ=
lichen Lehren und Predigen, welche in den
Schulen gehalten werden. Man sehe nur,
was in dem einzigen Büchlein P. Widen=
hofers enthalten ist. Ich umgehe hundert=
erley andere Sachen, welche Niemanden
unbekannt seyn können, als allein dem,
welchem die Bosheit, oder der Neid die
Augen bindet.

Dieses ist nun beyläufig, was in den
pfälzischen Schulen gelehret wird. Haben
Sie dieses vielleicht nicht gewußt, mein
Herr! warum schreiben Sie dann so schimpf=
liche Sachen in die Welt hinein? Hätten
Sie nicht zuvor die Schulbücher einsehen
sollen? Haben Sie es aber gewußt; wie ha=
ben Sie dann schreiben können: man lerne
keine Historie, keine Rechenkunst, keine
Erdbeschreibung, kein Deutsch und derglei=

chen in den Schulen? Von mir gestehe ich
es: wann ich öffentliche Lehrer, wann ich
eine ganze Gemeinde so hätte abgeschildert:
ich würde mir ein Gewissen daraus machen.
Ich hoffe, mein Herr, Sie werden dieses
selbst einsehen. Oder haben Sie etwas
einzuwenden? Wollen Sie verneinen, daß
die Schüler-diese Dinge gelehret werden?
Das kann aber unmöglich seyn. 1. Weil
alle Schüler dieses bezeugen würden. 2.
Weil es die Schulbücher der ganzen Welt
vor Augen legen. 3. Weil man jährlich
öffentliche Probstücke (specimina) von
diesen Sachen giebt. Glauben Sie meinen Worten noch nicht; so können Sie selbst
alles mit Augen sehen und mit Ohren hören. Wollen Sie aber sagen: das mag
wohl heutiges Tages seyn; vorzeiten war
es nicht so. Allein Sie haben ja ihr Werkchen nicht zum Nutzen vergangener Zeiten
geschrieben. Und wann es zur Warnung
der heutigen Pfälzer ausgegangen ist; so
bleibt die vorige Frage: warum Sie schrei-

ben: man lerne in den pfälzischen Schulen
keine Rechtschreibung, keine deutsche Sprache, keine Historie, keine Erdbeschreibung
u. s. f. da doch dieses die tägliche Erfahrnuß widerleget. Es bleibt die Frage: warum Sie aus dem, daß Sie (vor Zeiten zu
Köln) nicht viel gelernet, beweisen wollen: die Schulen in der Pfalz werden heutiges Tages schlecht versehen? Aber sah es
vielleicht vorzeiten so schlecht in den Schulen aus? Keineswegs. Es bezeugen dieß
die so grosen Männer, welche darinnen seynd
erzogen worden. Man lehrte vorzeiten in
den Schulen eben das, was man heutiges
Tages lehret, einige Wissenschaften allein
ausgenommen, die man nicht so sehr, wie
heutiges Tages betrieben hat. Vielleicht
aber fangt man itzt, seitdem der H. Verfasser sein Werkchen hat ausgehen lassen,
erst recht an, die Augen aufzuthun? Auch
dieses nicht. Schon vor zwanzig Jahren
hat man alle obbemeldte Stücke in den
pfälzischen Schulen gelehret. Die derma-

lige Schulbücher seynd schon im Jahre 1750
zu Mannheim gedrucket und in die Schulen
eingeführet worden. Man kann in diesen
Büchern gar nichts ausstellen, als einige
deutsche Sprachfehler, welche doch viele
entschuldigen. Allein auch dieser Einwurf
kann nun nicht mehr gemachet werden;
indem bald alles, was nur mangelhaft schei-
nen kann, durch Beyträge wird verbessert
werden.

5.

An der 25 S. beschreibt der Herr die
Vortrefflichkeiten der Redekunst, und aus
derselben Vortrefflichkeit machet Er diesen
Schluß: „Unsere Schulen mishandeln die
„Redekunst; da sie dieselbe nicht anders
„als in lateinischer Sprache vortragen.„
Zwo Ursachen bringt der Herr zur Probe.
Erstlich, sagt Er, giebt es wenige, so der
lateinischen Sprache mächtig sind; zweytens ist die Anzahl der Künste gros, die in
das Gebieth der Muttersprache gehören.

D 5 Was

Was das erste angeht, daß es wenige seynd,
die (hier scheint Er von den Lehrern zu re=
den) der lateinischen Sprache mächtig seynd,
hat Er weder an diesem noch an dem 8 §.
bewiesen. Oder soll vielleicht fragen und
beweisen ein Ding seyn? Ich aber habe am
3 §. gezeiget, daß es viele seynd, die der
lateinischen Sprache mächtig seynd.

Was das zweyte angeht, so ist wahr,
daß viele Wissenschaften in das Gebieth der
Muttersprache gehören; aber ich kann nicht
sehen, wie daraus folgen soll, daß in den
lateinischen Schulen die Redekunst mishan=
delt werde. Und warum bezieht sich der
H. Verfasser auf den 9 §? Oder gehört der
Feldbau, die Landwirtschaft, die Bau=
kunst, die Schiffart, die Wappen=Kräu=
ter= und Zergliederungskunst u. d. m. zu der
Wesenheit der Redekunst? Ja, dieses
scheint der Herr zu behaupten. Dann Er
sagt: „Da die Redekunst nicht anders,
„als in lateinischer Sprache vorgetragen
„wird: so raubet man diesen Künsten und

„Wissenschaften die Seele, ohne welche sie „einem tobten und misstalteten Körper „gleich sehen. u. s. f.„ Aber, mein Herr, es giebt unter alten und neuern Redner, die eben nicht nothwendig gehabt, sich in der Kräuter-Bau- und andern Künsten um-zusehen. Hierdurch will ich eben nicht sa-gen, als erstrecke sich die Redekunst nicht über alle Wissenschaften. Nur dieses al-lein behaupte ich, daß man die Redekunst in den lateinischen Schulen nicht mishand-le; weil viele Wissenschaften in die Mutter-sprache einschlagen. Die grösesten Redner in Deutschland und in Frankreich seynd fast der ganzen Welt bekannt. Sie haben ihre Redekunst in den lateinischen Schulen er-lernet. Sie haben nicht nöthig gehabt, ihre Muttersprache also zu erlernen, daß sie sich auf die Landwirtschaft, Baukunst, Schiffart u. a. d. verstanden hätten. Oder wann man doch endlich die Redekunst sollte deutsch geben; was für Nutzen würden der-gleichen Wissenschaften, als die Landwirts

schaft, die Wappen=Kräuter= und Zerglie=
derungskunst u. a. d. daraus ziehen? Ge=
wiß nicht mehr als aus der lateinischen
Redekunst. Ich habe die berühmtesten aus
den lateinischen, deutschen, und französi=
schen Rednern gelesen; aber von jenen Kün=
sten habe ich in diesen Rednern wenig ange=
troffen. Lese man sogar die Werke, die
von der deutschen Wohlredenheit handeln,
durch; und man wird finden, daß sie von
den oben gemeldeten Künsten wenig oder
gar nichts enthalten. Was folget aus die=
sem? Es folget, daß der H. Verfasser von
den deutschen Anweisungen zur Redekunst
eben jenes Urtheil fällen muß, welches Er
von den lateinischen fället. Endlich thut
man den Schulen Unrecht; wann man sagt:
es werde die Redekunst blos lateinisch gege=
ben. Es ist kein Wort in dem ganzen Schul=
buche, welches nicht zu deutsch ausgeleget,
oder von den Schülern ins Deutsch über=
setzet wird.

Es

Es ist zwar wahr, daß noch nicht alle
Lehrer die deutsche Versekunst und Wohl=
redenheit ausdrücklich lehren: aber, wann
nicht eine Hindernuß würde dazwischen ge=
kommen seyn, so wäre dieses schon vor ei=
nem Jahre zu einer allgemeinen Sache ge=
worden.   Die Bücher seynd verfertiget,
und es wird nicht lange mehr anstehen; so
werden zu der gewöhnlichen deutschen
Sprachekunst auch diese zwo Künste förm=
lich in allen Schulen in der deutschen Spra=
che sowohl, als in der lateinischen vorge=
tragen werden.

Ich habe mir alle Mühe gegeben, mich
an die Ordnung zu halten; aber der Herr
Verfasser mischet Poeten, Prediger, Ueber=
setzer der Bibel, des heil. Vatter unser,
alles durcheinander.   Ich will deßwegen
noch eine schöne Stelle, welche ich in dem
Hauptstücke von der Tonmessung angetrof=
fen habe, den Herren Predigern zu lieb
hersetzen.   Es wird sie dieses Stück gewiß
auferbauen.   An der 213 S. lautet es

62

also: „Man darf nur in unsere Gottes-
„häuser gehen; und den Leuten, die der
„deutschen Sprache vorzüglich mächtig
„seyn sollten, ich will sagen, den Predigern
„eine kleine Weile zuhören: so wird man
„von diesem verkehrten Gemenge (von
„dem rohen Unwesen der deutschen Spra-
„che) beyde Ohren bald voll haben. Ja,
„man brauchet sich nur die Mühe zu geben,
„die gedruckten Reden dieser Herren zu le-
„sen: so wird man eben dasselbe fast auf
„jedem Blatte finden.„ Das heißt ja
recht andächtig die Leute in die Predig ein-
laden! ein schönes Ziel und End für einen
Zuhörer! Ich gestehe es: ich habe mir
schier ein Gewissen daraus gemachet, diese
Stelle hieher zu setzen. Die Ursache kann
man sich leicht einbilden. Aber mein Leser
soll sich nicht darüber aufhalten. In den
Predigen muß man auf die geistliche Spei-
se, und nicht viel auf das Geschirr, in welchem sie dargebothen wird, Acht haben.
Man beliebe oft zu denken: o wie leicht ist

es, gelehrten Leuten vieles ausstellen; aber ... was aber? Aber wie schwer ist es, etwas besser machen!

Ist es aber doch wahr, was der Herr von den Predigern hier spricht? Ich habe schon oben gezeiget, daß die meisten Prediger sich einer Sprache bedienen, welche auf die Kanzel gehöret. Sollte man aber wohl solche Herren wegen einigen Schnitzern, die einer oder der andere redet, vor dem Volke auf solche Weise blos stellen, und gleichsam zum Spotte machen? Das ist etwas zu scharf gehandelt. Es kann diese Art zu richten und zu beurtheilen kein menschenfreundliches Gemüth billigen. Genug. Der Herr Verfasser wird dieses alles selber einsehen, und es ist Ihm halt mehr in die gelehrte Feder geflossen; als sein gutes Herz Ihm gerathen hat.

Auf der vorletzten Seite seines Werkchens widerholet der Herr Verfasser die vornehmsten Puncte, welche Er den Pfälzern zeither vorgeworfen hat. Er schildert

mit

mit den schwärzesten Farben die Unwissenheit
der Pfälzer ab. Er zieht mit einem ganzen
Schwarme der Vorwürfe, und Klagen gegen sie los. Wann ein unerfahrner Ausländer diese Dinge lesen sollte; so könnte er
glauben, der glänzende Strand des Rheines
sey von Barbarn umgeben, und eine hotten-
tottische Unwissenheit verfinstere die beglück-
ten Städte des anmuthvollen Pfälzer-
landes.

Es ist wahr, der Herr Verfasser sparet
keine Mühe, einen ganzen Wust der Sprachfehler zusammen zu suchen; allein wo ist ein
Land in der Welt, dem ich nicht eben so empfindliche Vorwürfe machen könnte; wann
ich alle Schnitzer der Gelehrten, alles ver-
wirrte Wesen in den Schriften der Ungelehr-
ten, und alles schlechte Geschmeis in der Aussprache des Pöbels auffischen, und zusammen
setzen wollte? Doch, die Ausmusterung des
Herrn Verfassers ist so vollkommen nicht.
Wir werden es bald sehen.

Zwey-

Zweyter Theil.
Besondere Anmerkungen.

§ I.
Von der Rechtschreibung.

Was der H. Verfaſſer von der 79 S. bis an die 190 S. von der deutſchen Sprache lehret; iſt ſchon lange aus den Büchern des H. Gottſched und P. Weitenauer d. G. J. bekannt. Man halte Weitenauers Zweifel von der deutſchen Sprache gegen das Werkchen des H. Verfaſſers, und man wird finden, daß ſich der Herr nur anderer Worte bedienet, ja manchesmal die Sache mit eben denſelben Worten vorträgt. Es liegt aber wenig daran, in welchem Garten dieſe Blümchen gewachſen ſeynd. Der H. Verfaſſer hat ein gutes Ziel und Ende. Er will die Sprache der Pfälzer vollkommen verbeſſern. Allein es iſt Schade, daß Er die rechten Mit-

tel nicht ergriffen, und daß Er von dem sei-
nigen zu viel hinzugeseßet hat.   Der Herr
scheuet sich nicht mit einer unfreundlichen
Dreistigkeit den Pfälzern eine schimpfliche
Nachläßigkeit vorzuwerfen.   Er ereifert
sich, und ich glaube, Er würde sein Unrecht selbst erkennen; wann Er sein Werkchen mit Gelassenheit noch einmal durchlesen sollte.   Was andere, auch die Sachsen, für gleichgültig ansehen; das beleidiget Ihn auf das heftigste in dem Munde der
Pfälzer.   Schier auf jedem Blatte don-
nert Er über die pfälzische Sprache.   Ja
Er dichtet ihren Federn Sprachschnißer
auf, von denen sie selbst einen Abscheu tragen.   Ich bin müde, die harte Ausdrücke
des H. Verfassers anzuziehen.   Ich werde
nur einige seiner Irrthümer vor Augen legen.   Aus diesen wenigen wird ein jeder
leichtlich urtheilen können, ob ich zu viel
geredet, oder ob der H. Verfasser zu viel
geschrieben hat.

I.

Erſtlich bürdet der Herr den Pfälzern viele Fehler auf, die doch keine ſeynd. Ich bin dem Worte **ſind** nicht gehäſſig; ja ich habe mich deſſelben ſchon mehrmalen in meinen gedruckten Schriften bedienet. Aber daß der Herr Verfaſſer ganz auſerordentlich darauf verſeſſen iſt; daß Er es den Pfäl= zern mit aller Gewalt aufdringen will, daß Er denſelben mit dem Banne aus dem Reiche der Gelehrten drohet; das will mir nicht begreiflich vorkommen. Würden uns die Sachſen nicht für unwitzige Pedanten hal= ten; wann wir ihnen unſer **ſeynd** aufla= den wollten? In einem ſächſiſchen Munde ſteht das **ſind** recht wohl; aber das **ſeynd** tönet eben ſo gut aus einem pfälziſchen. Oder warum ſoll eines beſſer ſeyn, als das andere? Ich frage den H. Verfaſſer, wa= rum Er **Vatter, Vatterland,** und nicht **Vater, Vaterland,** u. d. g. ſchreibet; da es doch bey den Sachſen überhaupt **Va=** **ter, Vaterland** heißt? Wann Sie mir

eine vernünftige Antwort ertheilen wollen;
so werden Sie mir sagen: was bekümmert
mich das? Die Sachsen seynd mir nicht
in allen Stücken eine Regel. Ich halte
mich an die Aussprache. Wir sagen ja
nicht Vater, sondern Vatter. Was
soll ich in einer Sache, die gleichgültig ist,
gegen den Strom schwimmen? Man kann
mir nicht beweisen, daß eines besser gesprochen sey, als das andere. Viele gelehrten Leute stimmen mir bey u. s. f. Diese
Antwort nehme ich an. Aber, mein Herr,
fragen Sie itzt die Pfälzer nur nicht mehr,
warum sie seynd und nicht sind sprechen; sonst weiset man Sie auf ihr Vatter,
und auf die Antwort, welche Sie selbst gegeben haben. Eben diese Antwort geht
von Worte zu Worte auf das seynd.

2.

Das Lieblingswörtchen des H. Verfassers ist bässer. Besser will Er (104 S.)
völlig ausgemustert wissen. Er glaubt, Er
sey hierin unwiderleglich. Er sagt, es habe

be ein alter Poet am baſten mit Fantaſten
gereimet: alſo muß man bäſſer ſchreiben.
Ja für dieſe zweyte Staffel zieht Er ſo gar
Luthers Sendbrief, und Friſchens Wörter=
buch an. Allein was beweiſet dieſes? Fin=
det man nicht tauſend andere ungeſchickte
Reimen? Z. B. ſtohn, gohn, man, ſie
han u. d. g. Wann der Herr beweiſen
will, daß man bäſſer ſchreiben müſſe; weil
es Gottſched in etlichen alten Büchern ge=
funden; wie viel mehr werde ich darthun
können, daß man beſſer ſchreiben ſoll; weil
man in unzählbaren, ja allen andern alten
und neuen Büchern beſſer antrifft? Doch
dem ganzen Streite abzuhelfen; ſoll der
Herr Verfaſſer ſelbſt den entſcheidenden
Ausſpruch geben. An der 96 S. heißt ſei=
ne erſte Regel alſo: „Man muß jedes
Wort mit ſolchen Buchſtaben ſchreiben,
die in der guten Ausſprache deutlich ge=
höret werden.„ Er ſetzet gleich die Ur=
ſache hinzu: Die Sprache, ſagt Er, iſt äl=
ter, als die Schrift, und dieſe iſt blos ein

Zeichen der Töne des Mundes u. s. f. Nun
berufe ich mich auf das Gehör des ganzen
Deutschlandes, ob der Selbstlauter in bes=
·ser einen solchen Ton habe, wie z. B. in
Gewässer, Fässer, u. d. g. Warum
schreibt dann der Herr bässer? Aber es
kommt doch her von baß? Wann ich die=
ses auch zugebe: so folget doch noch nicht,
daß man bässer schreiben müsse. Die Pro=
be ist klar und überzeugend. Niemand
schreibt ädel, verbünden, fünden, Mähl,
mässen, frässen u. s. f.; wiewohl diese Wör=
ter herkommen von Adel, Bund, Fund,
mahlen, Maaß, Fras u. s. f. Aber wa=
rum dieses? Warum schreibt man dieser
Stammwörter ohngeachtet: edel, binden
u. s f.? Die Ursache ist halt der in ganz
Deutschland angenommene Gebrauch. Wann
der Herr also nicht für einen Sonderling
will gehalten seyn; so muß Er dem allge=
meinen Gebrauche folgen, und sein bässer
ablegen. Gottsched selbst, aus welchem
der H. Verfasser die Herleitung entlehnet,

3.

Warum soll **also** mit aller Gewalt ge=
schrieben werden? Es soll herkommen von
alles und **so**. Wäre dieses auch wahr;
so hätte der Herr doch noch nicht bewiesen,
daß man **also** müsse schreiben. 1 weil es
gegen die Gewohnheit aller Gelehrten, wie
der Herr selbst gesteht. Diese Probe
bringt der Herr sehr oft; wird Er sie nun
selbst nicht annehmen wollen? 2 weil die
Mitlauter zu sehr gehäufet werden, ohne
daß es die Aussprache erfordere.

Also aber leite ich viel natürlicher her
von **als** und **so**. Das **als** hat gar oft die Be=
deutung von **halt**: z. B. es ist halt so,
heißt eben so viel, als: es ist also. Soll=
ten es aber nicht zwey ſ seyn? Nein, das
eine wäre überflieſig, wie das t bey Hertz.
Man schreibt allzeit: weil alle Schriftstel=
ler dafür halten, es erfordere dieß so wohl
die Aussprache, als die Herleitung. Da
nun Niemand noch, nicht ein einziger
Schriftsteller nach des Herrn eigener Aus=

saꞬ

sage also geschrieben; so ist es ein Zeichen,
daß es weder die Aussprache, noch die Her=
leitung erfordere.

4.

Anstatt **Monat** sollte es (109 S.)
Monath heißen; weil man **Zierrath, Hei=
math, Heurath** u. a. m. schreibet. Mein
Herr! unter diesen Wörtern, und unter
Monat ist ein Unterschied.   Man betrach=
te nur die Vielzahl.   Man spricht: in den
Heuräthen, Zieräthen u. d. g.; aber man
spricht nicht in den **Monäthen;** sondern
in den **Monäten.**

5.

Denn und wenn kann uns der H. Ver=
fasser auch nicht aufdringen.   Oder wie
wollte es der Herr machen? Wir glauben
dann und wann sey eben so schön, und
warum sollte es nicht so gut seyn? Dieses
seynd unterschiedene Mundarten, welcher
sich ein jeder nach Landesgebrauche bedienen
kann.

Der

6.

Der Herr dichtet den Pfälzern wahre
Fehler an, die sie nicht haben. Z. B. (128 S.)
Burgere, Burgermeistere, (92) Fraw, Ewer
u. s. f. Welcher gelehrte Pfälzer schreibet
auf solche Art? Einen oder den andern Pfälzer will ich glauben, daß der Herr aufweisen kann. Aber was beweiset dieses? Nach
des Herren eigenem Ausspruche: nicht viel.
Wo ist dieser Ausspruch? An der 82ten S.
steht also: „ einzelne Stücke beweisen nicht
viel. „

7.

An der 104 S. will der H. Verfasser
Pöpel geschrieben haben; weil es von populus herkommen soll. An der 106 S.
scheint Er das ganz ungewöhnliche
schmäucheln des H. Gottsched zu verwer-
fen; weil die Ableitung von diesem Worte
nicht von allen Sprachverständigen für ungezweifelt erkennet wird. Wird dann die
Herleitung des Wortes Pöpel von allen
Sprachlehrern für ungezweifelt erkennet?

Es scheint nicht; indem die vornehmsten Sprachlehrer sich nicht entschliesen können Pöpel zu schreiben. Doch, sollte auch diese Ableitung unwidersprechlich seyn; so hat der Herr dannoch seinen Handel noch lange nicht gewonnen. Er hält durch diese Schreibart eine Regel, und verletzet zwo. Erstlich weichet der Herr ab von dem allgemeinen Gebrauche der Gelehrten. Zweytens widerstrebet Er der allgemeinen Aussprache durch ganz Deutschland. Nein, mein Herr, das geht nicht an! besonders da die Regel von der Herleitung manchesmal eine Ausnahme leidet. Donner kömmt eben so gewiß vom lateinischen Worte tonitru her, als Pöbel von populus herkömmt, und dannoch saget man nicht der Tonner. Will der Herr die Regel von der Herleitung ohne alle Ausnahme haben; so muß Er in noch gar vielen andern Wörtern (§ I. 1.) eine Aenderung vornehmen. Er muß anstatt: der Teufel, mit etlichen deutschen Völkern der Daibel oder der Deibel, oder gar der

Di=

Diſel ſprechen; weil dieſes Wort von dia-
bolus oder διαβολοσ herkömmt*. Ich
könnte eine Menge Wörter herſetzen; wo
die Herleitung dem Gebrauche weichen muß.
Oder ſchreibet man vielleicht das **Brot,**
die **Pychſe,** der **Drak, Myle,** oder **Mo=
le,** anſtatt **Mühle** u. dgl. m. weil dieſe Wör=
ter zweifelsfrey herſtammen von βρωτὸσ,
pyxis, oder πυξισ, draco, oder δράκων,
μύλη, oder mola u. ſ. w.

§ II.
Von der Wortforſchung und
Wortfügung.

Hier hat der H. Verfaſſer viele Stücke
wohl angemerket. Nur allein bedaure ich,
daß Er die Herren Pfälzer für ſo unwiſſend
anſieht. Es iſt wahr: Er kann die mei=
ſten Fehler, die Er aufgezeichnet hat in al=
ten und auch einigen neuern pfälziſchen
Büchern aufweiſen. Aber ſollte Er deßwe=

gen den Pfälzern eine allgemeine Unwissen=
heit vorwerfen? Sehen wir nicht jährlich
die schönsten Schriften in der Pfalz ausge=
hen, wo alle diese Schnitzer vermieden wer=
den? Es ist eine so gar keine neue Sache
in der Pfalz um die Lehren, welche der Herr
Verfasser giebt, daß sie auch den Schülern
in den lateinischen Schulen bekannt seynd.
Ich allein kenne bey zehn dergleichen Kin=
der, welche die deutsche Sprache in den la=
teinischen Schulen so erlernet haben, daß
sie zum wenigsten alles das wissen, was in
dem Buche des H. Verfassers von der Recht=
schreibung, Wortforschung, Wortfügung
u. d. m. enthalten ist. Weitenauers Zwei=
fel von der deutschen Sprache seynd ihnen
zu viel bekannt, als daß sie dergleichen Sa=
chen nicht wissen sollten. Wird aber die=
ses der H. Verfasser glauben? Und warum
dann nicht? Ich kann keine Ursache ersin=
nen, dieß verneinen zu können. Die öffent=
lichen Probstücke, welche die Schüler zu geben
pflegen, können alles entscheiden.

I.

Nach Gottscheden, Weitenauern, und andern Sprachlehrern soll man Maaß, allermaaßen schreiben; der H. Verfasser aber spricht: solchermaasen, mit vollem Maase, Maas. Warum dieses der H. Verfasser thut, weiß ich nicht. Jene schreiben Maaß, um dieses Wort von Maas, einem Flusse zu unterscheiden. Wer hat nun von beyden Recht? Der H. Verfasser soll den Ausspruch geben. An der 109 S. giebt Er diese Regel: Wörter verschiedener Bedeutung müssen durch die Schrift, so viel es thunlich ist, unterschieden werden. Z. B. seyn esse von sein suus, Biß morsus von bis donec u. s. f.

2.

An der 137 S. spricht der H. Verfasser: die Hauptwörter der zweyten Abänderung, die des männlichen und weiblichen Geschlechtes sind, verwandeln durchgehends ihre Selbstlauter a, o, u, in der vielfachen Zahl in ä, ö, ü, z. B. von Hand, Rock,

u. ſ. f. kommen die Hände, Röcke. Doch,
giebt der Herr dieſe Regel nicht ohne alle
Ausnahme. Er will nicht haben, daß
man aus Habicht, Kranich, Hund, Grab
u. d. gl. die Häbichte, Kränichte,
Hünde, Gräde u. ſ. f. machet. Er giebt
keine Urſache von dieſer Ausnahme an. Ich
glaube aber, es ſey auſer allem Zweifel der
Wohllaut die vornehmſte Urſache davon.
Ich laſſe deßwegen dieſe Ausnahme gelten.
Aber warum ſollte man nicht eben dieſe
Ausnahme bey der erſten Abänderung ge=
brauchen dörfen? Doch ja, der Herr nimmt
eine an. Warum aber Märtyrer, In=
wöhner u. d. gl.? Lauten dieſe Wörter nicht
eben ſo übel, als Häbichte, Hünde u. ſ. f.?
Sollen dieſe aber mit aller Gewalt gelten;
ſo müſſen wir auch die Aertickel, die Böh=
rer, die Bälken, die Apöſtel, und hun=
dert andere artige Verwandelungen gelten
laſſen. Will man Märtyrer, Inwöhner
u. d. g. durch das Anſehen einiger guter
Schriftſteller befeſtigen; ſo berufe ich mich
auf

auf jenes, was der Herr an der 99 S.
spricht. Es lautet also: „sollten aber die
„Gelehrten irgend in einem Stücke selbst
„nicht einstimmig seyn: was wäre da zu,
„thun? Antwort: in solchem Falle kömmt
„es auf die bäßten Gründe an.„ Nun
möchte ich doch wissen; welche Gründe man
habe, ehender Märtyrer, Inwöhner, als
Apostel, Böhrer, Aertickel u. dl. m. zu
schreiben?

3.

Was die Abänderungen der eigenen Na=
men angeht, hat der H. Verfasser völlig Recht.
Er hat sie nach der Vorschrift der Sprachleh=
rer eingerichtet. Nur jenes wird vielen
billig nicht gefallen, daß Er keine Ausnah=
me machet, noch eine anzunehmen scheint.
Er will die Endungen aller eigenen Namen,
die sich kein deutsches Kleid anziehen las=
sen, blos durch das Geschlechtswort ange=
zeiget haben. Aber wie übel würde dieses
lauten? Was würde man sagen; wann
die Prediger von den Kanzeln das Leiden

des Chriſtus, die unbefleckte Empfängniß
der Maria oder Mariens, das ſüſe Herz
des Jeſus loben und preiſen würden? Eben
ſo angenehm würde es tönen; wann man
einige deutſche, oder in die deutſche Form
gegoſſene Namen mit den vorgeſchriebenen
Endungen ausſchmücken wollte. Würde
nicht ein Prediger zum Gelächter werden;
wann er ausriefe: höret Petern, oder
Paulen, folget Franzen von Sales in
der Liebe, Franzen von Paula in der De-
muth, Karlen Borromäi in der Strengheit,
Johannen oder gar Hannſen in der Keuſch-
heit nach. Wir wollen vernehmen, wie
vernünftig Weitenauer hierüber ſpricht.
An der 51 S. in ſeinen Zweifeln von der
deutſchen Sprache ſaget er alſo: „Haben
„ſie aber (die eigenen Namen) ein altes
„Recht zu einer lateiniſchen Endung, wel-
„ches man ſonderlich in geiſtlichen Reden
„nicht abbringen kann, geſtatte man ihnen
„immerhin ihren Beſitz und gedulde z. E.
„den Namen Jeſu Chriſti, den Spruch

„ Matthäi am letzten, bey Marco, u. d. gl. m.
„ Die Zuhörer möchten sonst glauben, spricht
„ der berühmte H. Stadtprediger von Sulz-
„ bach, man wollte Possen treiben, so man
„ sagen wollte.: im sechsten Hauptst. des
„ Evangeliums Johanns; also spricht Pe-
„ ter oder Paul.

4.

An der 161 Seite sagt der H. Verfasser:
„ Dieses e (Er redet von dem e, welches
„ den Beywörtern in der dritten Staffel
„ hinzugesetzet wird) pflegen die Pfälzer
„ auch in den härtesten Ausdrücken zu ver-
„ beißen; und ehe sie es in einem Nothfalle
„ aussprechen; verwandeln sie es, aus blin-
„ dem Hasse wider diesen Buchstaben, lie-
„ ber in ein i. So viel vermag eine unar-
„ tige Gewohnheit bey einem sonst artigen
„ Volke!„ Ihr Herren Pfälzer! ist dieses
wahr? Habet ihr diese Gewohnheit? Pfle-
get ihr die stärkiste, nässiste, grösiste,
schwärziste, weisiste u. d. gl. m. zu sprechen?

F   Ich

Ich habe diese Dinge zum wenigſten noch niemals aus dem Munde eines ehrbaren Mannes gehöret. In den Schriften der Gelehrten, ſonderlich in den neuern findet man gar nichts davon. Wie ſoll aber dieß dem Herren Verfaſſer beygefallen ſeyn? Vielleicht hat Er es wiederum in einigen Büchern geleſen, oder von der Zunge einiger Unerfahrenen entlehnet? Iſt es aber billig den Fehler einiger der ganzen Pfalz vorwerfen?

5.

An der 163 S. ſagt der H. Verfaſſer: zu Mannheim weiß man nichts von dem Unterſchiede zwiſchen zween, zwo und zwey. Das ſcheint mir zu viel geſaget zu ſeyn; weil den Unterſchied davon ſo gar auch die Knaben in den lateiniſchen Schulen längſt wiſſen. Sollen wohl die Gelehrten zu Mannheim unerfahrener ſeyn?

6.

An der 173 S. giebt der H. Verfaſſer dieſe allgemeine Regel, „daß die Zeitwörter,

„ter, so lange sie einfach bleiben, in der
„völlig vergangenen Zeit vorne ein ge anneh‐
„men.„ Wie stehet es aber mit selben;
wann sie nicht mehr einfach seynd? Ver‐
liehren sie es, oder behalten sie es allzeit?
Das läßt uns der H. Verfaſſer errathen.
Warum doch? Es steht ja dieses eben so
wohl, als das andere in Gottscheden und
Weitenauern? Ich will es aus Weitenau‐
ern von Worte zu Worte hinzu setzen.
„Diese Syllbe ge, saget er, wird ausge‐
„laſſen, wenn das Wort nicht ursprünglich
„deutsch ist, oder ein unabsonderliches Wört‐
„lein vor sich hat, das ist, ein solches,
„welches niemals hinter sein Zeitwort ge‐
„setzet wird; sondern durch und durch un‐
„zertrennlich vor ihm stehen bleibet... Z. B.
„Er hat studiret, er hat sich verredet, nicht
„gestudiret, vergeredet u. s. f.„

7.

Ich bin zuweilen ganz getröstet; wann
ich eine oder die andere Seite leſe, wo Sich

der

der H. Verfaſſer nicht unglimpflich gegen
die Pfälzer ausdrückt. Allein ſolche Stellen kommen ſelten vor. Bald müſſen die
Pfälzer allein an ſich haben, was bey andern deutſchen Völkern viel häuſiger im
Schwange geht; bald beſchuldiget Er ein
ganzes Land wegen den Fehlern einiger Un-
gelehrten, bald können die Pfälzer nicht recht
zählen; weil manche der andere oder an-
derte für der zweyte ſchreiben; bald ſeynd
ſie gar grobe Unwiſſende wegen einem Buchſtaben. Ich bitte Sie, mein Herr, ſelbſt
einzuſehen, ob dieſes billig iſt? An der 176
S. lautet es alſo: „Ich muß hier ſchon
„wieder anmerken: daß dieſe verlängerte
„Schreibart eine neue Probe unſeres Wan-
„kelmuthes, oder bäſſer zu reden unſerer
„groben Unwiſſenheit im Deutſchen abgebe.„
Welche iſt dann endlich dieſe ſo entſetzliche,
ſo verbañungswürdige, verlängerte Schreibart? Antwort: die Pfälzer ſchreiben zuweilen in der gebiethenden Art: komme, laß
ſe, gehe, ſiehe, thue, trage u. d. gl., anſtatt

statt komm, laß, geh, sieh, thu, trag, u. s. f. Meine Herren! ich lasse eurem Urtheile wiederum über, von was der H. Verfasser in dieser Stelle eine Probe gebe. Erinnere Sich doch der H. Verfasser, daß Er umsonst auf die Gelehrten poche; indem man in den besten Schriftstellern diese Sprache antrift. Ich sehe die nächsten, besten Bücher ein. Hagedorn spricht: Stumpfer Redner, schweige du. Wo spricht er also? Antwort: in der Fabel von dem Fuchse ohne Schweif. Kleist singt in seinem Gedichte von dem Frühlinge (12 S.): Siehe den blühenden Jüngling! H. Christoph Otten spricht an der einzigen 151 S. seines befreyeten Deutschlandes bald weiche! bald sag! bemüh! u. dgl. m. Und an der 166 S. saget der H. Verfasser selbst, daß man glauben könne, bitte (es ist ein unrichtiges Zeitwort) stehe eben so wohl in der gebiethenden Art, als habe. Diese Zeugen sollen für diesesmal genug seyn.

8.

An der 182 S. zieht der H. Verfaſſer
eine Stelle an, die den 27 März 1769.
im Drucke erſchienen iſt. Das kann ich
nicht verſtehen: Den 27 März? Wie viel
giebt es dann Märzen? Oder ſollte ich auch
dieſen Einwurf nichts gelten laſſen; ſo
mußte es doch heißen den 27 Märzen. Wa⸗
rum? Weil das Wort März ohnwider⸗
ſprechlich zur dritten Abänderung gehöret.
Allein ich halte dafür, es werde der 27 Tag
dieſes Monats darunter verſtanden. Es muß
demnach heißen: den 27 des Märzen. Wol⸗
len Sie Sich auf die gemeine Ausſprache be⸗
rufen? So werden Ihre meiſte Verbeſſerun⸗
gen dahin fallen. Auf den Urheber der
Stelle können Sie es auch nicht ſchieben;
weil Sie alles übrige, was von demſelben
herkömmt, gezeichnet haben; dieſes aber
nicht.

9.

Wem kann doch die Redensart an der
189 S. gefallen? Der Herr Verfaſſer will

die ungereimte Weise zu reden verbessern,
und Er scheint mir, eine, die zum wenig=
sten eben so ungestaltet ist, auf die Bahne
zu bringen. Es ist wahr: da bin ich auch
dabey gewesen, da habe ich nichts da=
von gehöret u. d. gl. ist nicht wohl gespro=
chen, und wann ich es verbessern wollte;
so sagete ich: dabey bin ich auch gewe=
sen, davon habe ich nichts gehöret.
Der Herr Verfasser aber will es anders ha=
ben. Man soll sagen: da bin ich auch
bey gewesen, da habe ich nichts von
gehöret. Wer die Undeutlichkeit dieser
Sprache nicht merket, der halte nur beyde
Redensarten gegeneinander.

§. III.
Von der pfälzischen Aussprache.

I.

An der 100 S. hat Sich entweder der H.
Verfasser vergessen, oder eine beglückte
Stunde hat Ihn zu einem aufrichtigen, und

für die Pfälzer löblichen Ausspruche genö=
thiget. Er gesteht, daß, wenn irgend in
Deutschland eine Annehmlichkeit in der
Aussprache zu finden ist, dieselbe in der pfäl=
zischen Mundart einen vorzüglichen Sitz
habe. Allein, meine H. Pfälzer! werdet
auf dieses Geständnuß noch nicht stolz. Es
scheint, als sey es dem Herrn entweder nicht
Ernst gewesen, was Er gesaget; oder, als
wünschete Er, es wäre nicht dem also, wie
Er bekennet hat. Vielleicht wird manchen
beydes wahrscheinlich vorkommen. Es ist
dem H. Verfasser nicht genug, daß Er die
Fehler, welche aus dem Munde des Pöbels
gehöret werden, der ganzen Nation mit
den herbesten Worten öfters verweiset; Er
bringt noch dazu neue Schnitzer auf, wel=
che die Pfälzer kaum kennen. An der 144
S. wirft Er den Herren Pfälzern etwas
vor, das ich noch niemals aus dem Mun=
de eines einzigen gehöret habe. Mein!
wo sagt doch ein Pfälzer, die Fabelen
Aesops, die Regelen der Höflichkeit, in

Windelen eingewickelt u. f. f. Hätte der
H. Verfaſſer geſagt, man finde dergleichen
in einem oder dem andern Buche; ſo hätte
man es zugeben können; aber daß die Pfäl=
zer mehrentheils ſo ſprechen ſollen, das wi=
derleget die tägliche Erfahrnuß.

2.

An der 166 S. heißt es: „Von unſerm
„fufftzehn, und fufzig hätte ich ebenfalls
„noch etwas zu ſagen: allein ich ſchäme
„mich in der That, dieſe abſcheulichen Un=
„geheuer den Ausländern blos zu ſtellen.„
Ich verwundere mich auf das heftigſte, daß
Sie ſo gute Geſinnungen für die Auslän=
der, und ſo üble für die Pfälzer haben kön=
nen. Nehme man alle an die Pfalz grän=
zende Länder: wo höret man dann nicht
eben dieſe Wörter? Die Sachſen ſo gar
ſprechen durchgehends fufftzehn, fufftzig.
Ich habe es tauſendmal gehöret. Welche
ſeynd dann endlich die Ausländer, vor wel=
chen Sie Sich ſchämen, dieſe pfälziſchen Un=

geheuer blos zu geben? Es werden doch die Franzofen, Niederländer, Polacken, oder Griechen nicht feyn?

3.

An der 121 S. fagt der H. Verfaffer, Er habe das ebenteurliche Wort Hinkel noch nirgends, als in der Pfalz gehöret. Mein Herr! Sie dörfen nur einen Schritt weit aus dem Pfälzerlande gehen, Sie werden diefes Wort zur Genüge hören müffen. Ift das gewiß? Der H. Verfaffer müßte es doch auch wiffen? Dem fey, wie ihm wol= le; ich kann nicht nur meine eigene Ohren; fondern alle jene Leute, die nur bis in das Maynzifche gekommen feynd, als Zeugen anführen.

§. IV.

Von der Tonmeffung.

I.

Ich geftehe es aufrichtig: ich bin ganz müde, mich länger in diefem Werkchen aufzuhalten. Ich hätte zwar noch viele Anmerkungen, besonders über die Tonmeßsung des H. Verfassers zu machen: allein ein vernünftiger Leser kann aus wenigem vieles schliesen. Erstlich lasse ich meinen Leser rathen, was das für Dinge seyn: Langkurze, und Langgekürzte? Ich hätte mir um ein Haar die zwo Durchsichten *, welche den 9 des Aprils feil gebothen wurden, gekaufet, um diese reizende, und entzückende Blümchen desto besser zu betrachten. Vielleicht hätte ich dadurch gesehen, zu welcher Gattung diese seltenen Gartenzierden gehören? Vielleicht hätte ich gleich errathen, ob es Tulipen, oder Wasserlilien, oder Tausendschöne, oder Hahnenfüse seyn? Ein weiser und besonders in der deutschen Sprache gelehrter Mann redete mit mir über diese und andere dergleichen Sachen. „Hier sieht man, sprach „er

* Ich glaubte anfänglich, Durchsichten wären Fenster; aber nachgehends hat man mir gesagt, ein gewisser Herr ha-

„er, in welche Schwachheiten man verfällt;
„wann man die Sache zu weit treiben will. „
Es ist ein Glück, mein Herr, daß Sie das
Latein hinzu gesetzet haben; sonst glaubete
ich, aus hundert Oedipen wäre kaum einer
im Stande dieses räthselhafte Geschmeis
zu ergründen. Gottsched, Klopstock, Braun
und die besten Lehrer des deutschen Syllben=
maaßes pflagen bisher zu sagen, die Dacty=
len, Jamben, Trochäen, u.d. gl., und
diese Herren seynd von allen Gelehrten ver=
standen worden. Doch, wem die Lang=
kurze, anstatt der Trochäen, und die
Langgekürzte anstatt der Dactylen gefal=
len, der mag sich derselben bedienen. Er muß
aber bey dem H. Verfasser anhalten, daß
Er ihm auch die Anapæstos, Bacchios,
Antibacchios, Creticos, Antispastos,
Jambos, Jonicos, Epitritos und noch
viele andere verdeutsche. Dann von diesen
hält Er ein tiefes Stillschweigen. Die Ur=
sache davon lasse ich meinen Leser ersinnen.

2.

Je näher ich an das Ende komme; desto
empfindlichere Ausdrücke finde ich in dieser
Abhandlung.   Der H. Verfasser suchet gute und nichtswerthe Schriften zusammen;
Er beurtheilet sie, und dann ziehet Er die
H. H. Verfasser selber durch die Hechel. Ich
will nur wegen einem einzigen Stücke mit
dem Herren reden.   Er gesteht selbst, daß
das Muster: Der August im Jenner,
welches anfängt: Redende Felsen und
jauchzende Flüsse, weit schöner ist, als
die übrigen, welche Er angezogen hat, insgesammt.   Ja Er bekennet, (209, u. 210
S.) daß Er dem H. Dichter das Lob nicht
absprechen könne: weil Er sich in vielen
Stücken dem heutigen guten Geschmacke nähert.   Wie schön tönet auch nur eine
Syllbe des Lobes von einem Munde, welcher ein ganzes Werk hindurch nur gewöhnt
war scharfe Urtheile zu fällen.   Ich wünsche dem H. Verfasser dieses Gedichtes Glück.
Es scheint, als habe der H. Kunstrichter

uf

über das innere Wesen dieses Musters jene
Gesinnungen, welche alle der Dichtkunst
Erfahrene darüber gefasset haben. Es ist
nämlich dieses Gedicht voll der schönsten
Züge und feinsten Gedanken. Doch ist
auch wahr, daß es, was die Sprache an=
geht, hier und da einen kleinen Fehler hat.

Aber was denket dabey ein gütiger Kunst=
richter? Eben das, was ein Gelehrter von
Augsburg von diesem Stücke gesprochen,
und was edessen Horaz von dergleichen
Werken gedacht hat: ubi plura nitent
in carmine, non ego paucis offendor
maculis. Hat unser H. Kunstrichter auch
eine so menschenfreundliche Art zu denken?
Ich zweifle nicht daran; weil ich glaube,
daß Er es noch lang nicht so böse gemeynet,
wie Er geschrieben hat. Er zieht ungebe=
then dieses Gedicht in mehr als sechs Sei=
ten durch, und glaubet an der 219 S. doch
noch, Er habe es vergessen. Er bürdet dem
Dichter Schnitzer auf, die keine seynd; Er
hält ihn für einen Menschen, der ein übles

Ge=

Gehör hat, der, wann er kein Tauber und
Undeutscher ist, selber seine Fehler erkennen
muß; Druckfehler zeichnet Er ihm als wahre Sprachschnitzer auf u. s. f. Was kann
die gesunde Vernunft und unpartheische
Welt dazu denken? Wann dieses gilt: so
will ich die vornehmsten deutschen Poeten
beschreyen können. Eben dieses Syllbenmaaß ist gar oft in dem Zachariä, in Klop-
stocken, in Hagedornen, in Schönaichen,
in Kleisten und anderen berühmtesten Män-
nern anzutreffen? Will vielleicht der Herr
Verfasser diese grosen Dichter auch unter
die Tauben und Undeutschen setzen? Oder
verneinen Sie, daß diese sich eines gleichen
Syllbenmaaßes bedienen?

Ich schlage die besten deutschen Dichter
auf. Ich lese, was mir zu erst vorfällt.
Die 270 S. von Klopstocks Messias liegt
vor mir. Es lautet also:

Dann klingen die goldenen Sthüle,

Und der Harfen Gebet, und die nieder=
           geworfenen Kronen.
Also ertönte der himmlische Thron, da Gott
           von ihm aufstand.
Und Gott gieng, und wandelt' einher durch
           den Sonnenweg, der sich u. s. f.
    In diesem Buche findet man schier auf
jedem Blatte dergleichen Dactylen.   Gel=
ten nun diese und andere Dactylen, z. B.

Dann sollst du mein Antlitz,

Also droht ihm der Todesengel, und zog
           auf der Stirne u. s. f.;
So wird ja auch gelten: hat ja in, hat
           denn der Hundsstern u.s.w.
    Wann man aber sagt:
Leuchtende Jungfrau am pfälzischen Himmel!
    Du hast, so dünkt mich, den Phöbus
                                bewegt,
Daß er auf seinem schon flüchtigen Schimmel
In dieses Feld den August wieder trägt.

                                      So

so macht ja der Nachdruck, der in dem
Du gesetzet ist, dieses Wort so gar in ungebundener Rede lang; warum will es dann
der Herr kurz haben?

Gottsched singt also: Nüchtern, gerecht,
großmüthig und milde das Leben er-
füllen.

Dann wird die Ehre der Weißheit bestehn,
dann wird man bekennen...

Sohne des Atreus, so sprach dieser Greis,
und tapfere Achiver...

Die bekömmst nicht eher zurück, als bis
sie das Alter...

Hab ich dir jemals u. s. w.

In ungebundener Rede würde man lesen großmüthig,

Dieser Greis, bis sie, hab ich u. s. f.

Herr Christoph Otten, Freyh. v. Schön-
aich singt also in seinem befreyeten Deutschland:

G   Wa-

Ware sterben jemals reizend, o, so ists, wann man so fällt...

Allhier soll der deutschen Helden Sammelplatz und Lager seyn.

In ungebundener Rede läse man: wenn man so fällt, allhier. Ja nachgehends spricht dieser Dichter: wäre Hermann doch allhier! könnt Ariovist doch sehen!

Ich habe hier noch ganze Stellen aus dem Zachariä, aus Kleisten, Gellerten, Hagedornen u. a. m. Aber ein gelehrter Leser kennet ja diese Herren, und es würde ihm verdrüssig vorkommen; wann ich alle diese Stellen hersetzen sollte.

Man kann keinen berühmten Poeten aufweisen, in welchem nicht das Syllbenmaaß zuweilen anders lautet, als es die Sprache in ungebundener Rede mit sich bringet.

Mein Herr! haben nun alle diese grossen Männer ein übles Gehör? Seynd sie Undeutsche, oder Taube? Soll man dieses nicht vielmehr als Erlaubnussen der Dicht=

kunſt anſehen? Geſchieht dieſes nicht auch
bey andern Völkern? Haben nicht die
Franzoſen öfters ein ganz anderes Syllben=
maaß in der gebundenen Rede, als ſie in
der ungebundenen haben? Haben nicht
ſelbſt die Lateiner und Griechen ihre Er=
laubnuſſen in der Verſekunſt? Warum
ſoll man dann den deutſchen Poeten
allein nichts zugeben wollen? Nein,
mein Herr, Sie können nicht verlangen, daß
ich Ihr Urtheil der Meynung ſo groſer
Männer vorziehe. Der gelehrte P. Braun
allein wäre mir ſchon genug, auf mancher
Kunſtrichter Urtheil wenig Acht zu haben.
Im zweyten Hauptſt. in ſeiner Anleitung
zur deutſchen Dichtkunſt 9 §. ſpricht er al=
ſo: Manche Wörter können in der ge=
bundenen Rede ganz ein anderes Syll=
„benmaaß annehmen, als ſie in der
„ungebundenen haben.„ Er beweiſet
dieſes durch die ſchönſten Beyſpiele. Aber,
mein Herr, warum haben Sie Sich doch gar
niemals beyfallen laſſen, daß es keine Kunſt

fey, etwas durchzuziehen, aber wohl etwas
beffer zu machen? Hätten Sie doch nur ei=
ne, oder die andere Stelle verbeffert; so
hätte man doch geglaubet, daß Sie im Stan=
de feyn, diefe Herren Dichter zu beurthei=
len. Weiter führt der Herr den Verfaf=
fer diefes Gedichtes in die Schule, und
räth ihm die Predigten des gefchickten P.
Merz und die Zweifel von der deutfchen
Sprache des P Weitenauer zu lefen. Al=
lein ich verfichere Sie, mein Herr, der
Verfaffer hat den P. Merz fchon zum zwey=
tenmal fchier ganz durchgelefen; es ift ihm
aber, wie er mir fagte, noch nicht eingefallen,
daß er daraus könne Verfe lernen machen.
Oder, wann der Herr blos von der Spra=
che redet in dem 3ten Hauptftücke von der
Tonmeffung: fo kann ich darthun, daß P.
Merz von der Schreibart des Herren weit
mehr unterfchieden ift, als von jener, wel=
che in dem Gedichte: Redende Felfen,
anzutreffen ift. Was den P. Weitenauer
angeht, fo verwundert man fich, daß der

Herr dieſen Pater anzieht.   Man pflegt
doch ſonſt gewiſſe Bücher (2 T. 1 §.) ernſt=
lich zu verſchweigen.   Der Verfaſſer
des Auguſts im Jenner hat die Zweifel der
deutſchen Sprache vom P. Weitenauer
ſchon vor einem Jahre ſeinen Schülern
vorgeleſen.

Dieſes ſeynd nun die Anmerkungen, wel=
che ich der Wahrheit, und der theureſten
Pfalz zu lieb habe machen wollen. Ich
glaube nicht, daß ich den H. Verfaſſer be=
leidiget habe. Sollte Er Sich aber darüber
aufhalten; ſo wiederhole ich, was ich gleich
von Anfange geſprochen. Ich bitte auch
die großmüthige Pfalz, dem Herren Ver=
faſſer alles zu vergeben, was Er gegen ſie
geſchrieben hat. Der H. Verfaſſer, wie
ich glaube, hat es herzlich gut gemeynet.
Es iſt nur Schade, daß Er ſeiner ereifer=
ten Feder etwas zu viel nachgegeben hat. Er
hätte dem Vatterlande gewiß Ehre bringen
können; wann Er Sich nicht ſo ſehr würde ver=
ſchrieben haben. Sollten aber doch einige

durch seine harte Ausdrücke aufgebracht wer=
den; die bedenken doch nur, daß es der
H. Verfasser nicht aus Leidenschaft gegen
sie geschrieben habe.   Es ist Ihm halt (wie
soll ich nur sagen?) so heraus gewischet.
Sie seynd es ja nicht allein, über welche
der Herr klaget.   Der H. Verfasser will
ja so gar die Kirchengebether, das h.
Kreuzzeichen, die Litaneyen, und selbst
das h. Vatter unser verbessert haben.

Würde man aber einige unter den Herren
Pfälzern finden, welche nach diesen gemachten
Anmerkungen glauben wollten, daß sie in
einem tiefen Schlummer begraben liegen,
daß man in der Pfalz noch nicht einmal
eine Sprachlehre gelehnet, und eingeführet
hat; daß die Rechtschreibung in der höch=
sten Verwirrung ist; daß die Grundregeln
der Sprachlehre zu Boden liegen; daß die
Tonmeßkunst, sammt der ganzen Versekunst
den erbärmlichsten Anblick von sich giebt;
daß endlich diese dicke Unwissenheit zum
gröfesten Schaden der Pfalz den glücklichen
Lauf

Lauf der Künste und Wissenschaften hem=
met; so lasse ich sie diese Schande verant=
worten. Der H. Verfasser betheuret die=
ses alles noch auf der letzten Seite. End=
lich ruft Er in vollem Eifer aus : „ Trau=
„ riges Verhängniß, das uns drücket!
„ Wann werden doch die unseligen Finster=
„ nissen, die unsere Augen decken, einmal
„ zerstreuet, werden?„ Da ich dieses schrei=
be; fühle ich das ganze Gewicht der Un=
bilde, mit welcher der Herr Verfasser noch
gleichsam zum Abschiede die' Herren Pfäl=
zer beleget. Ich spüre eine heftige Be=
gierde, das Empfindliche, das Beißende,
das Unrichtige, das Falsche, und das ei=
nem ganzen Lande höchst Nachtheilige in
dieser Stelle mit den nachdrücklichsten Wor=
ten dem Herrn Verfasser, und der ganzen
Welt vor Augen zu legen. Allein ich fürch=
te mich, meinem Triebe etwas zu viel nach
zu geben, und ich bin besorget, auch nur
mit einem Worte jene Person zu beleidigen,
welche ein ganzes Werkchen hindurch schier

auf jedem Blatte eine ganze, wohlgesittete,
gelehrte Nation anzugehen, und vielleicht
unfreundlich durchzuziehen, keinen Scheu
getragen hat. Ja, mein Herr! ich habe
alle Hochachtung für Sie, und ich kann
mich noch nicht überreden, daß Sie mit
Bedachte, und mit Fleiße so bittere Ausrufungen, so viel harte und ungegründete
Vorwürfe, so viel entsetzliche, und bis in
das Herz dringende Ausdrücke in Ihre Abhandlung eingemischet haben. Nein, ich
habe weit mildere Gedanken von Ihnen.
Ich behalte deßwegen viele Anmerkungen
zurück. Ich habe einige von Ihren Stellen der Welt blos zugeben, und mit Anmerkungen zu zieren, mich aus Ehrfurcht
nicht getrauet. Ja ich entschuldige, so
viel mir möglich ist, das Ziel und Ende des
Herrn Verfassers. Ich wollte mich so gar
dieser gemachten Anmerkungen gereuen lassen; wann ich mich nur zwingen könnte,
weniger Liebe zur Redlichkeit, und gerin-
gere Hochachtung für die Pfalz zu haben.

Wird

Wird Sich aber der Herr Verfasser gar
nicht entschuldigen können? Ja freylich,
und ich hoffe, die edeldenkende Pfalz wird
mit allem, was Er saget, zufrieden seyn;
wann Er nur den Handel nicht schlimmer
machet. Was die Wiedersprüche angeht;
so brauchet es weiter nichts, als eine Erklärung, welche zwar, um hinlänglich zu
seyn, durch ziemliche Umschweife muß gemachet werden. Die Ausbesserung der
pfälzischen Sprache muß mit größerer Mäßi-
gung, mit gelinderen Worten, mit meh-
rerem Grunde vorgetragen werden. Die
Verachtung der Lehrer der lateinischen Sprache, die Auszischung der Lehrart, der Schulen, der Predigstühle, der
Kirchengebether, und endlich das unfreund-
liche Verfahren wider die ganze Pfalz wird
man Ihm vielleicht, ohne einen Widerruf
zu erhalten, nicht nachlassen können. Was
die besondere Schreibart des Herren Verfassers betrift; so kann Er, wann Ihm seine Wörtchen so sehr gefallen, gleichwohl

G 5   da-

dabey bleiben. Er kann schreiben, wie
Er will, auch gegen den allgemeinen Ge=
brauch aller Gelehrten. Was liegt daran?
Die Welt wird wegen seinem bässer, Pö=
pel, allso, u. d. gl. nicht zu Grunde ge=
hen. Doch, wann der Herr Verfasser
unsere Nachfolge erfordert; so habe ich
die Ehre, den Herren zu versichern; daß
dieses so geschwind nicht geschehen wird.
Wir erwarten indessen das Urtheil der ge=
sunden Vernunft, der aufrichtigen Pfalz,
und der gelehrten Welt. Leben
Sie wohl.

ENDE.